見沼文化を知る 25選

村上明夫
Murakami Akio

関東図書

※表紙地図：国際日本文化研究センター提供（埼玉県大宮 1914 年）

見沼文化を知る 25 選
目次

はじめに―見沼の龍の物語 ………………………………… 05
01 子供とシニアにとっての―明日の見沼 ………………… 08
02 いつの時代も最大の人口密集地―江戸(東京)を支えた見沼 … 11
03 江戸幕府―見沼溜井の開発 ……………………………… 14
04 円空仏の里 ………………………………………………… 18
05 御鷹場 ……………………………………………………… 21
06 巨木 ………………………………………………………… 23
07 現状―低くて、広くて、近い見沼 ……………………… 25
08 見沼の保全を支える―公有地化制度 …………………… 27
09 自然 ………………………………………………………… 30
10 斜面林は財産―約 50 年で全滅 ………………………… 32
11 食文化 ……………………………………………………… 36
12 信仰の里 …………………………………………………… 38
13 戦国時代―今も城跡が残る ……………………………… 41
14 日本三大用水の一つ―見沼代用水 ……………………… 43
15 田んぼ―どう残すかは大きな問題 ……………………… 46
16 地域資産 …………………………………………………… 49
17 歴史と文化、暮らしを作った―地形 …………………… 54
18 江戸(東京)と見沼を結んだ舟運―見沼通船堀 ………… 56
19 転換期―これから一層、価値を増す …………………… 59
20 日光御成道 ………………………………………………… 62
21 日本人の原型 ……………………………………………… 64
22 農業 ………………………………………………………… 66
23 保全と活用・創造 ………………………………………… 68
24 実りの秋―伝統的習俗がいっぱい ……………………… 71
25 民話 ………………………………………………………… 73
あとがき―見沼ライフの勧め ……………………………… 75
ウェブ検索エンジンキーワード …………………………… 77

【凡例】
＊本書は見沼文化を知るためのキーワード25選を五十音順に配列してあります。
＊下の図は本書の扱うエリアです。埼玉県は平成7年「見沼田圃の保全・活用・創造の基本方針」を決めました。さいたま市は平成23年に「さいたま市見沼田圃基本計画」を決めました。埼玉県の見沼田圃は、さいたま市の「見沼田圃エリア（土地利用計画区域）」と同じです。これに「緩衝エリア（斜面林、見沼代用水）」「ふるさとエリア（見沼エリアに隣接、農地や斜面林が残る）」はふつう市民の考える「見沼田んぼ」に合致しています。また歴史的生活文化からも「見沼田んぼ」と言うにふさわしいので本書の見沼地域に入れました。
＊参考文献は筆者が参考にし、かつ読者がより深く学ぶためのものを載せました。手に入りやすいものを載せましたが、図書館等で現物を見て欲しいと思います。

（さいたま市「見沼田圃基本計画の計画対象区域」より作成）

はじめに

見沼の龍の物語

　私は見沼の「龍」です。私の住み処は見沼の水の中や、空の雲の中です。私の住み処はありません。長く居る所もあれば少しだけ休む所もあります。でも私の一日は人間の百日にも相当しますので人間の単位で見ないでください。水の中や雲の中、樹等は好んで行く所です。

　「年齢は？」もう忘れました。人間が誕生してからと同じくらいだと思います。また私は呪文一つで何にでも姿を変える事が出来ます。

　見沼には長く居て、見沼の周りで繰り広げる人間達の喜びと悲しみ、生きようとする懸命の努力を見てきました。

　大昔、見沼は海の一部でした。大宮台地には森が広がっていました。海では貝や海草、魚等が、大地の森では木の実や獣が捕れました。人間達は私の居た見沼の側の台地の上に家を建てました。私や神々を祈ったり、交信する所が台地の中にできました。

　やがて海は引き、西の荒川沿いには自然の土砂が堆積、堤防が自然に出来上がり、見沼は大きな沼となりました。私は当分この海と切り離された大きな沼―見沼とその空の上の雲の中に住む事としました。

　やがて大きな沼―見沼と台地の境目で稲作が始まりました。また戦いの季節が訪れ、見沼の大きな沼と湿地は戦いに使われました。河越城と岩付城の間にある見沼に寿能城や大和田陣屋が築かれ、何度も戦いがありました。関東を支配していた北条氏が豊臣秀吉に滅ぼされ、その豊臣も徳川家康に負け江戸幕府が開かれました。日本最大の関東平

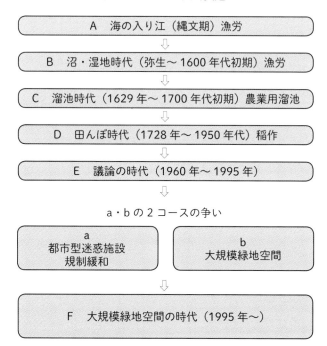

見沼田んぼの歴史的変遷

野と海上交通の拠点江戸に幕府が開かれたのです。

　江戸幕府が出来てから江戸は日本の中心となり、江戸に近い見沼の性格も江戸を支える場所として大きく変わったのです。「荒川の西遷、利根川の東遷」という一大土木工事が行われ、八丁に堤が築かれ見沼はさらに水を貯める大きな沼になったのです。私も前より伸び伸び泳ぐ事ができるようになりました。見沼の水は「水下」の川口や戸田、東京足立等の田んぼの水に使われました。

　私の身に大変な事が起こったのはそれからわずかのことです。人間達は、八丁の堤を切り、見沼の水を流し、見沼に新田を開くと言うの

です。見沼の水に代わり、遠く利根川から雪解けの水を引くと言うのです。こうしてできたのが見沼代用水です。そしてできた米を江戸に運び、肥料等を江戸から運ぶために通船堀が造られました。見沼という大きな沼が無くなり、私は老婆に姿を変え諏訪湖に行きました。でも心は長年住んでいた見沼にあります。そして人間達が懸命に生きている事をじっと見ています。

見沼はいつの間にか見沼田んぼと呼ばれ、ここで獲れたお米は太平洋戦争の前も後も人々を支えたのです。もともと低い土地の見沼は洪水になると大量の水を貯めました。昔の見渡す限りの沼に戻ったのです。こうして東京や埼玉南部の人達を洪水から守りました。

しかし、この見沼の土地をお金に替えようとする動きが出てきました。そのためには規制緩和が必要です。埼玉県などもその構えでしたが、多くの人達が、見沼を守るため運動してくれました。

今、見沼では多くの人達が色々な活動をしています。私もずっと見沼の空の上から、これからの見沼をずっと見ていきたいと思います。地球と地球に生きる生きとし生けるものを守るのが私、龍の役割です。私は、この本を書いている人の自宅の玄関には彫り物として、部屋には書として生きています。このように私はあちこちの公園や神社、個人のお宅などに彫り物、絵、写真…などに姿を変えながら生きています。今日もあなたには私の姿が見えるはずです。

【参考文献】
荒川紘『龍の起源』紀伊國屋書店
黒田日出男『龍の棲む日本』岩波新書
土屋禮一『龍の本』ビジョン企画出版社

01

子供とシニアにとっての
明日の見沼

　「遊び」は子供にとっては生きていくための勉強、高齢者にとっては生き甲斐です。子供にとって自然の中で遊んだり、農業体験をすることの大事さは言うまでもありません。自然や大地から遠ざかりつつある今、このことは特に重要です。

　その点、見沼近辺の子供は幸せです。見沼という絶好のフィールドに恵まれているからです。ここでいう見沼はさいたま市が基本計画で決めた「見沼田圃エリア」「緩衝エリア」「ふるさとエリア」の三つを含めた地域であることは言うまでもありません。

　子供たちは田んぼの中で遊び、泥や水の感覚を知ります。用水の中で小魚を捕ります。斜面林には密林、隠れ家がいっぱいあります。木の上の「お家」も素敵です。子供たちは遊びの天才、色々なものが遊び道具になります。もう少し大きくなると、植物や動物を観察したり、ふるさとの歴史を学びます。

　見沼周辺には、建物が斜面林の中にあったり、見沼に土地を借りている幼稚園が10カ所近くあります。地元の「母ちゃん塾」（代表・萩原知美氏）では、郷土料理や体験農地や田んぼの提供、フィールドの提供等をしてきました。また「埼玉県生態系保護協会」の指導で第1調節池や高速道路下で、環境教育を進めています。これに地元の大原中学校や芝川小学校の生徒さんなどが参加しています。

　一つは、さいたま市内の全小学校対象に自然、歴史、農業体験を軸

に「見沼学習」を体系化し、そのためのカリキュラム、地元へのフィールドの借り上げ料の支払い等を具体化することが必要です。

　もう一つはシニアの問題です。特に団塊の世代は「親の介護、子供達への支援」があります。自分が高齢者になって痛感するのですが、お金と暇、体力の三つが同時に揃うことはありません。

　『100年時代の人生戦略』（東洋経済新報社）という本が2016年秋、ちょっとしたブームになり、ＮＨＫでも取り上げられました。著者によると寿命は延び続け「人生100年時代」を迎えているようです。日本はとりわけ高齢化率が高いそうです。

　長い老後をうまく送るコツは、健康、収入、夫婦仲を別にすれば四つあります。一つは体を動かす事、運動です。二つは頭を使い勉強する事。三つは社会に自ら情報を発信する事です。ネットは大きな手段です。四つは社会貢献です。環境保全、耕作放棄地対策などです。この四つをバランスよく行なう事です。どれも一人より集団の方がうまくいくでしょうからコミュニケーションが増えます。

　「見沼」はピッタリです。動植物、農業、歴史…材料は豊富です。あなたの見沼ライフのお手伝いをしてくれる「生態系保護協会」や「見沼ガイドクラブ」「エコエコ」「じゃぶじゃぶラボ」など多くの市民団体もあります。目的に合った団体を選んでください。もうあなたの「見沼ライフ」は始まっています。

　この他、見沼代用水を使った「小水力発電」や見沼の植木産業の出す木質チップを使った「まちなか発電所」構想や、農業や植木産業による「見沼ソーシャルファーム」構想など見沼の保全を前提とする多面的な「活用・創造」の実験や構想が進んでいます。自然や歴史的遺産を使った人の集まる「たまり場」作りの試みも活発です。「たまり

場」は特に大事で、色々な「たまり場」を「見沼」で用意しようとする動きも活発です。

　また見沼をとりまく新しい可能性もあります。「浦和レッズ」「大宮アルディージャ」のサッカーチームと「市民マラソン」です。

　「レッズ」は日本有数の人気チームです。ホームグラウンドは「日光御成道」のすぐ東側にある埼玉スタジアムで、毎試合３万人から５万人を超えるサポーターが集まります。地元の食文化等を活用した、サポーター相手の振興策が埼玉県なり、さいたま市で考えられても良いと思います。

　同じように「大宮アルディージャ」の本拠地、大宮公園サッカー場も高鼻の「氷川神社」と見沼の間にあり、「氷川神社」と同じく見沼と関連づけた利用が考えられて良いと思います。

　また「さいたま国際マラソン」は、オリンピックなどの代表選手の選考も兼ね、これから市民の参加も応援の市民も多くなっていくでしょう。マラソンのコースは見沼の中を通ります。「歩け歩け運動」と同じような見沼と関連づけたコース設定や宣伝、歓迎など工夫が必要だと思います。

　「マラソン」「クリテリウム（自転車競技）」「トリエンナーレ（芸術祭）」など市主催の新しいイベントを「地域資産」や「レガシー（遺産）」とどう結びつけて行くかは今後の大きな課題といえます。

【参考文献】
河合雅雄『子どもと自然』岩波書店
山本思外里『老年学に学ぶ』角川学芸出版
リンダ・グラットン、アンドリュー・スコット『ライフシフト 100 年時代の人生戦略』東洋経済新報社
齋藤孝『年を取るのが楽しくなる教養力』朝日新書

02

いつの時代も最大の人口密集地 江戸(東京)を支えた見沼

　見沼の「新田開発」の大きな要因は、幕府の財政悪化と、江戸の人口拡大にともなう食料需要の増大です。

　武蔵野＝見沼の開発はいつも江戸との深い関係で行われています。というより江戸＝東京の都合で行われるのは昔も今も変わりません。見沼＝武蔵野の開発は、最大の人口密集地・江戸（東京）を支えてきたのです。見沼は江戸幕府開設以前から多くの人のエネルギーを集める場所でした。しかし江戸幕府開設以前と、その後の江戸から現代の東京に至るまでとではまったく性格が異なります。

　江戸以前は自立的、江戸以降は江戸（東京）の後背地としての性格です。ですから「江戸以前の見沼」「江戸以降の見沼」の共通するものと異なるものを分けて見ることが特に重要です。江戸幕府以降は、首都の後背地として見沼の風土は育まれてきたのです。

　これからどうするか。人口と富の集中する東京に近いということを主体的に利用するか、受身的な使われ方でいくかです。もし東京の都合だけということになれば、私たちの主体性は何か、ということになるのです。「地方の時代」のさいたま市や埼玉県の行政と、そこに暮らす私たちが鋭く問われていると思います。

　日本の人口の波を見ると、極めて大ざっぱに言って、縄文時代が約26万人、弥生時代が59万人、奈良時代500万人、江戸幕府成立時1,227万人（江戸は約15万人）、江戸中期1,750万人と推定されています。こ

の間江戸の人口は100万人と飛躍的に増え（享保6年=1721）、この食料を賄うため、第1期の新田開発と溜井の整備が、また第2期の新田開発＝見沼を溜井から田んぼへの新田開発が行われたのです。それが見沼田んぼの新田開発、見沼代用水の建設、見沼通船堀の建設理由なのです。今でも、見沼代用水の下流、通船堀の下流芝川の先には江戸の街がみえるようです。

　見沼代用水と通船堀を設計、施工した井沢弥惣兵衛の部下に「大畑才蔵」がいます（大畑才蔵のことは、青木義脩著『井澤弥惣兵衛』関東図書、に詳しい）。大畑才蔵は『才蔵記』『地方の聞き書き』と呼ばれる農書を出しています。この書で、燃料とする松林を伐採したあと植林しながら「輪伐」すれば、永久的に安定した供給が得られると述べています。当時、農書が盛んに出されました。内容は大筋、いかにしたら「持続可能」な農業や漁業が行われるかでした。

　寛文6年（1666）『諸国山川掟』が出され、この後繰り返し、形を変えながら出されました。乱開発が災害を頻発させるという認識から、木の根の掘り出しを禁じ、植林を義務づけ、土砂の採掘を禁じるなどしたものです。江戸幕府開設以来の大開拓が災害を誘発していることに対し、環境や国土の保全を義務づけたのです。

　そうした意味で「見沼代用水」「見沼通船堀」は、治水、衛生、食料など、江戸が必要としたものを提供する「持続可能」なシステムなのです。私たちは見沼代用水や見沼通船堀から「システムとしての江戸」、持続可能な大都市のシステムを学ばなければなりません。そして、行政の「縦割り」＝「サイロ現象」が大きな障害となっていることを学ばねばならないのです。

　見沼という地域資産は教えています。水や景観、道路や公園、農政

や産業振興、福祉や文化財は一つのものであるということです。専門化と統合をどう果たせるか、深刻な課題に私たちは直面しています。

松浦茂樹氏は『埼玉平野の成り立ち・風土』(埼玉新聞社)の「おわりに」で「近世、埼玉平野は江戸の政治・経済を支える背後圏としての役割を持っていたが、〔中略〕『地域の個性ある発展』を願う者として、武蔵国の中心である埼玉県のアイデンティティーを確立し、新たな文化創造…」と述べています。見沼の文化もかくありたいものです。

本書の執筆に入ってから家康が江戸を選択した理由及び都市計画について面白い本が出ました。江戸と見沼の関係等について一段と研究が深まったようです。『家康、江戸を建てる』と『江戸の都市力』です。二冊とも参考文献に挙げたので是非読んで頂きたいと思います。

『江戸の都市力』によると江戸の「江」は、水が陸地に深く入り込んだという意味。「戸」は「モノの出入り口」だといいます。江戸はまことに、海が陸に入り込んだ場所だったようです。江戸湾は外洋とも、川を通じ内陸の関東平野の各地とも結ばれていたといいます。著者は利根川の東遷の狙いが洪水対策だけでなく、当時最大の運搬手段・「舟運」を通じた関東と江戸のイン交通網の整備であったといいます。

見沼の文化遺産をどう残すのかは大きな問題です。見沼の様々な施設を文化遺産として後世に残すのは、私達や行政の責任です。文化遺産としての見沼を評価する事が求められています。

【参考文献】
鬼頭宏『文明としての江戸システム』講談社学術文庫
門井慶喜『家康、江戸を建てる』祥伝社
鈴木浩三『江戸の都市力』ちくま新書

03

江戸幕府─見沼溜井の開発

　『家康、江戸を建てる』という小説（門井慶喜著、祥伝社）がありますが、本当に良い書名です。

　家康は、戦に明け暮れる戦国武将ではなく都市計画家でした（ここで家康と言っていますが、秀忠、家光など江戸幕府の初期のリーダーも含めます）。この家康の都市計画を主要に担い、一連の土木工事を設計、指導したのが伊奈忠次と子の忠治です。今の埼玉県伊奈町は伊奈氏の陣屋があった所で、川口赤山城址は伊奈氏の本陣があった所です。忠治の銅像は川口駅東口のキュポラ３階にあります（見沼代用水を開発した井沢弥惣兵衛為永の像はさいたま市見沼自然公園内にあります）。

　江戸幕府開設以前と以降で見沼の性格、姿はがらりと変わります。江戸以降は「見沼田んぼ」です。もっとも最近は「見沼畑」ですが…。

　家康、秀忠、家光等の最大の功績は「戦国武将」からの脱却でしょう。食料、水、災害、交通、循環型社会、全国の大名への分権と支配のシステム等の「江戸システム」を作り出したことです（鬼頭宏著『文明としての江戸システム』講談社学術文庫）。

　その最大の仕事は「荒川の西遷」「利根川の東遷」「見沼溜井」（第１次新田開発、井沢弥惣兵衛の新田開発が第２次）だと思います。

　江戸は海上交通の要所として、すぐれた所となる可能性がありましたが、都市としては多くの問題を抱えていました。

その一つが災害＝水害の問題でした。当時「荒川」も「利根川」も江戸湾に流れ込み、両河川はしばしば氾濫したため、流域は湿地帯が多かったのです。そこで「荒川」の流路を西に変え、「利根川」の流路を東に変え太平洋に注ぎ込むようにしたのです。この「荒川の西遷」「利根川の東遷」により広大な関東平野が稲作の場となりました。

「見沼溜井（ためい）」は、湿地帯であった見沼に水を溜め水源にして新田開発をするためでした。溜井は、足立（今の埼玉県北足立と東京都足立区）「水下（すいか）」の川口、蕨、戸田、東京足立などの田んぼの水源となりました。

「荒川の西遷・利根川の東遷・見沼溜井」の建設は首都江戸及びその近郊を洪水から救い、食料を増産するという一大事業でした。この土木工事の結果、慶長3年（1598）約60万石だった武蔵国の石高は100年後には約160万石にも増加しました。

工事は見沼で一番狭くなる所に八丁堤（約870mの土手）を築き、見沼を堰き止め、水を溜めることによって行われました。反面、上流の片柳などでは「水いかり」（田の水没）をもたらしたといいます。

家康は河川工事にあたって旧武田氏の「地方巧者（じかたこうしゃ）」（土木に長けた者、伊奈氏もそうであった）を家来に召し抱え、重用しました。伊奈氏による河川改修の技法は「伊奈流」あるいは「関東流」として知られます。大筋では「甲州流」を源流とし、自然に逆らわぬ方法であったといわれます（本間清利著『関東郡代』）。

ちなみに見沼代用水の工事もそうでした。そのため東浦和周辺に住む山梨県出身者には「黒桑組」（旧武田氏の土木に携わったものの集団）の子孫がいるといわれます。

また「荒川の西遷・利根川の東遷・見沼溜井」工事ではキリシタン信徒が使役されたともいわれます。

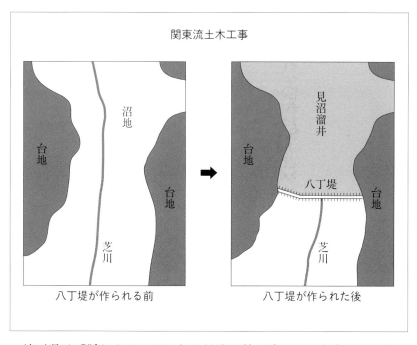

　埼玉県は「隠れキリシタン」の足跡が数々残っています。この辺の事情は『関東平野の隠れキリシタン』（川島恂二著・さきたま出版会）や『ばてれん山』（関根和美著・埼玉新聞社）などに詳しいです。今でも、その足跡は幸手市などにあり、マリア地蔵や集会所が残り、市の文化財に指定されています。

　私たちは徳川時代が「鎖国」で一切外国との交流はなかったと思っていましたが、江戸時代は日本が世界史に取り込まれた時代でした。「鎖国」は世界史のしがらみから日本が離脱することではなく、圧倒的な西欧諸国との軍事力（文明力）の落差のもとで日本が主体的に世界と接触する手段（大石慎三郎著『江戸時代』中公新書）でした。

　伊奈氏は戦に負けた浪人武士やキリシタンなどを多く集めて難工事を進めたといいます。「荒川の西遷・利根川の東遷・見沼溜井」の設計、

工事に「隠れキリシタン」を通じポルトガルやスペイン等の土木知識が使われた可能性は充分考えられます。『ばてれん山』の著者関根和美さんは地名や墓碑、伝承にその痕跡を見ることができると言っています。

　こうして伊奈氏は忠次・忠治以降も関東統治のための数々の業績を残したため、代々関東郡代の職に就くことになりました。しかし十代忠尊の時の寛政4年（1792）、「不埒（ふらち）とお家の内紛」という理由で失脚させられてしまいます。関東の農民は浅間山噴火や天明6年（1786）の大水害後の復旧に尽くした伊奈氏を慕い、赦免を願ったといいます（前掲書）。

【参考文献】
鬼頭宏『文明としての江戸システム』講談社学術文庫
岡野友彦『家康はなぜ江戸を選んだか』教育出版
新田次郎『赤い富士』新潮文庫
関根和美『ばてれん山』埼玉新聞社

04

円空仏の里

　「円空仏」は円空の生まれた岐阜県や愛知県に続き埼玉県にも多く残っています。

　見沼の「ふるさとエリア」の「満蔵寺」「薬王寺」「観音堂」「正法院」(見沼区)に「円空仏」があります。いずれも「日光御成道」(別項目)沿いのお寺です。円空が日光御成道を旅して日光参拝をした時、御成道沿いの寺に宿泊、円空仏を彫ったのでしょう。

　ところで円空とは一体どんな人だったのでしょうか。円空は美濃(岐阜県)の人、江戸時代前期の人です。円空は僧侶と言われる事が多いですが「修験道(しゅげんどう)」の行者でした。

　修験道＝山伏は、今はあまり見かけない宗教ですが、神道と仏教を合わせた「神仏習合」という日本独特の信仰のあり方です。梅原猛は「神と仏は仲がいい。神仏習合。日本人の固有信仰」(別冊太陽　「梅原猛の世界」平凡社)と語り、『歓喜する円空』(新潮文庫)の中で「円空は私にとってもはや一人の芸術家にすぎない存在ではない。むしろ彼は私に神仏習合思想の深い秘密を教えてくれた哲学者なのである」と述べています。

　私事で恐縮ですが、私の父は飯能市吾野(あがの)の出身でした。その関係で私は子供の頃、夏休みになると１カ月近く吾野の野山、川で遊びました。その飯能の４大霊地が吾野地区の高山不動、岩殿観音、子の権現、飯能地区の竹寺です。子供の頃の遊び場、これが「山岳信仰」「神仏習

円空像(「近世畸人傳」2より)

合」の霊地、修験道の修業の場でした。不思議な因縁です。

　円空は日光や北海道など全国を旅し、虐げられ苦しむ人々のため円空仏を彫ったといわれます。その中には「隠れキリシタン」もいたといいます。

　この「円空仏」が埼玉県では全国で3番目に多い169体あります。最も多いのが愛知県の3,190体、次いで円空の故郷の岐阜県の1,600体です。埼玉県ではさいたま市、春日部市、蓮田市、越谷市など、埼玉県東部、日光御成道沿いに集中しています。「円空仏」の大部分は「埼玉県立歴史と民俗の博物館」で保管されています。円空の仏像は時期によって特徴がありますが、埼玉の「円空仏」は「大笑いする埼玉の円空仏」（梅原前掲書）といわれます。

　「円空仏」は縄文の森の名残、木と森の文化を彷彿とさせます。修験道者円空の魂を呼び起こす古代（縄文）の息吹が見沼斜面林にあったからだと私は想像します。円空仏は見沼の大きな財産です。

　「木は昔から日本人にとって神の宿るものとされてきた。その神の宿る木から仏を作る木彫仏制作は、神仏習合の思想と深く関係している」（梅原前掲書）

　日本人の中にある「霊木信仰」の名残は見沼の周りの巨木、斜面林の中に残っています。私達は見沼の斜面林を残す具体策を早急に考えねばならないと思います。

【参考文献】
梅原猛『歓喜する円空』新潮文庫
埼玉県立歴史と民俗の博物館編『特別展円空展示図録』

05

御鷹場

　「御巣鷹山(おすたかやま)」は昭和60年（1985）の日航機墜落事故で有名になりました。また東京都下には「三鷹市」もあります。このように「鷹」の字のつく山や地名は多く、ほとんどが江戸時代の「御鷹場」に関係する地名の名残です。実際、三鷹市の市役所敷地内の中庭に「鷹場標石」があります。また御巣鷹山は将軍が鷹狩りに使う鷹を供給するための場所でした。秩父の「大滝村には９カ所の御巣鷹山があった」（小林義雄著『見沼田んぼを歩く』農文協）と言われています。「御鷹場」には厳しい開発禁止令が出され、見沼保全の遠因ともなっています。

　家康、秀忠、家光そして吉宗も歴代将軍は「鷹狩り」が大好きでした。領地の視察、軍事演習、身体強化…色々な理由があるでしょうが将軍家は江戸一円の「御鷹場」を設定しました。

　家康は「鷹狩禁止令」を出し、公家や諸大名の鷹狩りを禁止し、一方で徳川一門で鷹狩りを独占しました。「鷹狩り」は力のあるものが獲物を分け与えるという習わしを引きついだものでもあります。鷹狩りの権利を独占することは最高権力者の象徴なのでした。

　このような「御鷹場」は江戸近辺の自然の多い所に設定されました。埼玉県には多くの「御鷹場」が設定され、特に見沼田んぼ周辺は紀州徳川家の「御鷹場」でした。

　「御鷹場」には「鳥見役」が置かれ、樹木の伐採、土地の改変なども厳しく規制されました。さいたま市緑区大門の本陣・会田家は、この

大門宿本陣会田家表門

「鳥見役」でした。会田家には「紀州御鷹場絵図」が残っており貴重な資料となっています。

会田家文書には「見沼新田」「高沼(こうぬま)新田」や瓦葺(かわらぶき)村(現上尾市)で東西に分かれる見沼代用水、代用水西縁から高沼新田への用水についても記されています。

また当時の浦和宿には幕府直轄領の「浦和御殿」があり、将軍家の鷹狩りの休泊所になったといいます。そこは現在の常盤公園です(藤波不二雄著「御鷹場と鳥獣保護制度」『鳩ヶ谷博物誌』)。

見沼田んぼ及びその周辺が「御鷹場」だったことは、ここで暮らす人々には、多くの規制があり難儀なことだったと思いますが、おかげで環境は保護されたと言えます。

【参考文献】
青木義脩『紀州鷹場』関東図書
本間清利『御鷹場』埼玉新聞社
根崎光男『犬と鷹の江戸時代』吉川弘文館

06

巨木

　見沼の周りには巨木が多く残っています。私の家（さいたま市緑区）の周りでも「大間木氷川神社のスダジイ」「上野田氷川神社のサカキ」「氷川女体神社のタブノキ」「南部領辻のムクノキ」（市指定天然記念物）「山崎の大ケヤキ」（市指定天然記念物）「国昌寺のセンバンボダイジュ」「尾間木小学校のトチノキ」と枚挙に遑がありません。

　さらに目を転じると大宮氷川神社のタブノキ、クスノキ、モチノキ等の巨木、圓蔵院のイチョウ・シダレザクラ、見沼くらしっく館のスダジイと数知れぬほどあります。これらの巨木は今でも四季折々の美しい姿を見せますが、大昔の見沼の台地の森をも想像させます。

　例えば「南部領辻のムクノキ」は樹高約 20 m、直径約 1.5 m で樹齢数百年と推定されています。200年とすれば江戸時代前期、井沢弥惣兵衛の代用水開削の頃です。さらに大昔であれば、大宮台地にはこのような巨木が生える鬱蒼たる森が広がっていたことでしょう。

　見沼の周りには巨木が多いのは、「祈り」の里だったことを物語って

見沼の巨木

います。日本には昔から「樹木崇拝」があります。例えば神社仏閣の御神木、地域や街道のシンボルなどです。郷土の文化遺産と言っても良いでしょう。

　自然は私達人間に多くの生きる恵みをもたらしてくれると同時に災害や死をもたらしました。古代の人はこれらを神の仕業と考えてきました。そこで樹木が超自然的な力を象徴していると考え、多くの巨木や珍しい木に「注連縄(しめなわ)」を張り祈ったのです。日本人の「霊木信仰」は祖先の暮らしが山と森林に深く関わっていたことを示しています。

　約6千年前「縄文海進」で見沼は海となり、貝や魚が捕れました。台地の森林では木の実や動物が捕れました。そして、約2千年前には見沼で稲作が始まりました。

　海と森と稲作、まことに見沼は日本人を形作った物達に満ちあふれています。「見沼の巨木」と「斜面林」は見沼に広がっていた森を彷彿とさせます。そこには生き物たちが元気に生きています。これを子供達など次世代に伝えるのは私達の責任です。

見沼の巨木

07

現状
―低くて、広くて、近い見沼

　見沼の特徴は「低く」て「広く」て「近い」事です。「低い」(低地)事は別項でも述べました。

　見沼の現状を探ってみましょう。見沼は東京都心から25km、アクセスする駅は八つ、南北14km、外周約44km、面積約1,260ha(さいたま市域1,203ha、川口市域58.1ha)です。土地利用の中身は図の通りですが、農地が約520ha(41％)で、あとは道路、公園、調節池等の公共の土地が約50％を占めています。

　見沼を紹介された多くの人がまず聞くのは、どの駅で降りるのかということです。「大宮」「浦和」「東浦和」「埼玉新都心」…といくつもあります。これで、訪れようとする人は当惑します。次に地図で見沼を探してみます。地図に見沼区はありますが、「見沼」という場所はありません。さらに当惑は広がります。

　このように見沼は普通の観光地と違って「広くて」「低くて」「近い」があるのです。この見沼の3要素は「あれも有る、これも有る」となり、人によって自分のよく行く見沼、関心のある見沼がそれぞれ違うということになります。このことが見沼を説明する際に障害になっています。

都心から25キロ圏にある見沼田圃

ただでさえ「サイロ現象」(縦割り)が問題になっていますが、見沼の場合、一層それが顕著になるのです。だから、見沼に関する本やガイドブックを読んだり、講話など座学や「見沼ガイドクラブ」などの行事に参加することがより大事になると思います。
　そんな難しいことは言わず、現地に行くのが一番なのですが、勉強すればするほど楽しさが倍加するのが見沼だと思います。
　見沼は東京都心からちょうど25kmの所にあります。行くところにもよりますが、電車で約30分、車で約60分です。人口密集地が「近い」ということは、都会の便利さを求める人が多いということでもあります。それだけ開発圧力が強いという人もいますが、私の考えは逆です。人が多いということは、見沼を保全しようとする人も多いということだからです。見沼保全の市民運動が活発なのも、こうした市民が多いことの反映でもあるのです。だからこそ「人の多さ」に対応した保護運動や農業が必要なのです。
　「近い」「広い」「低い」が見沼の特徴です。それは見沼の可能性でもあり、多彩な楽しみ方、商売の仕方があることを物語ってもいるのです。

【参考文献】
村上明夫『見沼たんぽ龍神への祈り』幹書房

08

見沼の保全を支える公有地化制度

　皆さんは「公有地化推進事業」という名の事業をご存じでしょうか。見沼田んぼの保全を図ることを目的に、埼玉県が1998（平成10）年から始めたものです。埼玉環境創造基金といい「見沼エリア」に活用される財政的裏付けです。

　1965年、見沼田んぼの開発を規制する「見沼三原則」が制定されました。これは1958年の狩野川台風による川口市、戸田市の浸水被害を受けてのことで、見沼田んぼの治水機能を維持することが目的でした。しかし1980年代のバブル経済のさなか、埼玉県知事が見沼田んぼへのゴルフ場導入と規制緩和の検討に入りました。その後、規制緩和を進める行政と保全を求める市民との間で政策論争が長く続き、マスコミも多くの報道を行いました。革新県政のもとで「規制緩和」は進むと思われましたが最終的に「保全」の側が勝利しました。こうして1995年に出来たのが「見沼三原則」に代わる「見沼田圃の保全・活用・創造の基本方針」です。「基本方針」は見沼田んぼを大規模緑地空間として保全しようというもので、土地利用を「農地・公園・緑地等」に限定しています。この問題を議論した「土地利用協議会」で窪田弘委員長は「お茶等と言ってアルコールを出すのは違反」と「等」の内容をきびしく限定しました。

　基本方針にそぐわない土地開発や、相続などによる土地利用の変化に対しては、その土地の「買い取り」あるいは「借り受け」を行う制

度を定めました。これが「公有地化制度」で、規制を受ける農家への代償となっています。

　この公有地化推進事業の財源として作られたのが「さいたま環境創造基金（見沼分）」で計128億円です。その内訳は埼玉県77億円、さいたま市34億円、川口市17億円となっています。基金の残高は2015年3月現在約95億6400万円で、これまで買い取った土地は23.8ha、借り受けた土地は7.1haで計30.9haとなります。

　公有地の管理運営は公社、県、市などの公共機関と市民団体の二つに委託されています。公共機関委託の土地は「基本方針」に従い「治水機能」を守りつつ、農地、お花畑、運動公園等として使用。

　もう一つの市民団体に委託された土地は、2017年現在計約8.6haです。市民団体は計8団体で、見沼の治水機能はもちろんのこと、自然環境を大事にした農業を進めています。

　公有地化制度は画期的なことだと思います。環境、都市農業…と理念は語れますが、多くの「市民」は財政的にも、法的にも農地を所有することができませんでした。ところが、この制度では、都市住民が見沼の土地の者として発言、行動ができるのです。

　見沼の保全運動の大きな特徴は、面積の広さ、規模にもかかわらず市民の発言力が極めて大きいことです。マスコミを活用し、政治力を発揮し、ボランティアや農地の耕作者等として活動し、いつも大きな発言力を維持してきました。「理念」を「力」として具体化するシステムや政治力が大事なのです。

　この「公有地化推進事業」は市民が「農遊（のうゆう）」文化に近づき、発言する極めて優れた「システム」だと思います。「農遊」というのは、「農業」の「業」に対し「遊（あそぶ）」という字を使い区別したものです。

2012年からはさらに新しい試みが始まりました。公有地の貸し付け制度です。これまでの公有地の管理委託制度では営利目的の農地利用は認められませんでした。それが色々な団体が農産物などの生産で利益をあげ報酬を得ることができるようになったのです。農業に必須の「農家資格」も必要ありませんので、今後多くの「起業」が出てくると思います。県にとっても貸し付け制度によって賃貸料収入を得ることができ、「管理費」を削減できることになります。

　このように公有地化推進事業は大きな成果をあげました。田んぼや畑に親しむ場を作る事で、市民が見沼農業の担い手の一人として農地を管理するようになった意義は大きいです。また市民の「農遊文化」と治水＝「安全」がつながった意義も大きいです。

　「理念」を具体化する「制度設計」の勝利というべきでしょう。このような「制度設計」をするためには、農政、河川といった「縦割り」を越え、部局横断的に取り組む必要があります。縦割り行政を越えるため作られた埼玉県の企画財政部土地水政策課の「見沼担当」や「三富担当」が担った役割に注目すべきだと思います。「制度設計」の大事さと、従来の部局を横断することの大事さを強調しておきたいです。

　今後、問われるのはさいたま市の見沼担当のあり方です。2003年にさいたま市は政令指定都市に移行しました。その結果、埼玉県はさいたま市に見沼問題の比重を移そうとする傾向が出てきます。さいたま市の「見沼田圃政策推進室」は埼玉県の企画財政部、土地水政策課見沼担当ほど行政内での権限を持ちません。そうした中で「さいたま市見沼田圃政策推進室」の果たす役割はますます重要となってきます。さいたま市は、みずから決定した「見沼田圃基本計画」とそのアクションプランの実現をどうはかるのでしょうか。今後の課題は大きいと思います。

09

自然

　見沼に「白鳥」や「狐」が来ました。また絶滅危惧種の「オオタカ」や植物の「タコノアシ」が生息しています。「見沼エリア」や「ふるさとエリア」を含めればもっと多くなります。私が関わっている田んぼにも絶滅危惧種の「イチョウウキゴケ」や「メダカ」がいます。見沼には魚類を除き大宮台地に生息する動植物の約100%近くが生息しています。「緩衝エリア」（代用水、斜面林）、「ふるさとエリア」を入れた見沼は本当に豊かです。

　「見沼は自然が豊かだ」とよく言われます。その通りですが、一体、どんな自然が豊かなのでしょうか。そして、見沼の自然を守る難しさはどこにあるのでしょうか。

　自然には「一次的自然」（原生自然）と「二次的自然」があるそうです。「一次的自然」とは人間の手がまったく加わっていない自然です。「二次的自然」とは人間が何らかの都合（主に農業）で手を加え、加工してきた自然だそうです。

　例えば昔の農業は、自然を加工していますが、用水や農業用貯水池の作り方、農業用道路のあり方等が現在とは大きく異なっています。また生活の様式、特にエネルギー、燃料のあり方も違います。里山は薪などの供給源でもありましたが、自然の生き物や植物達と共存してきた「二次的自然」でした。私達がよく言う「自然」です。日本の「自然」の特徴の一つです。そうした「里地」「里山」「里川」が急速に失

われることは大変な問題です。私たちの知っている日本の原風景がなくなることです。

行政においては、道路や河川などの開発部局はもちろんですが、公園部局などがあります。これらではビオトープの課題も含まれています。ところが農政部局では「里地」「里山」「里川」等の田園風景を守る部局ではありません。今の仕組みでは「二次的自然」を守る部局はないのです。

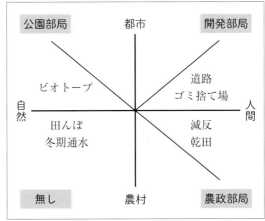

ところが、見沼の「見沼エリア」だけでなく「緩衝エリア」や「ふるさとエリア」には風前の灯火の「二次的自然」がまだ沢山あります。これらを残すこと、その方法を見つけだすことは私たちの大きな課題です。

自然の回復をめざす場合、自然一般でなく、どの段階の自然をめざし回復させようとするのかを明確にする必要があると思います。そこで私は三つのことを提案したいと思います。一つは、見沼の二次的自然の種類や内容に関する研究を集約すること。二つは見沼のそれぞれの二次的自然に生きる動植物に関する調査をまとめること。三つは、緩衝エリアやふるさとエリアにも公有地化資金を使えるようにすることです。以上の3点は早急の課題といえます。私の人生がもう一度あればいいと思います。

【参考文献】
村上明夫『龍神への祈り』幹書房

10

斜面林は財産——約50年で全滅

　見沼の台地（緩衝エリアとふるさとエリア）と低地の高低差は約10mあります。その境が多くの所で崖や斜面林になっています。この斜面林（緩衝エリア）を残すため「環境創造基金」を使う事が必要です。

　見沼の「斜面林」がピンチです。最近でも大和田陣屋跡、万年寺墓地、第2産業道路沿いの斜面林が、コンビニエンスストアや保育園等の建設によって消滅しています。見沼の斜面林は私が県議時代に続き「未来資産推進委員会」の市民が平成28年10月に調査しました。範囲は主に「見沼エリア」と「ふるさとエリア」です。これによるとこの5年間で約6万㎡弱が消滅。単純計算では約50年程度で全滅する計算です。

　国交省は斜面林について森林生態学者の四手井綱英氏の定義から「山奥にある森林の奥山に対し、集落や都市の近くにあって人が入ったり木の実を採ったり遊んだりできるところ山の農用林」としています。斜面林とは普通、「谷津田」の両側にある自然の斜面に生えた林のことですが、見沼の場合は違います。

　井沢弥惣兵衛が代用水を造る時、台地と低地の境に代用水を造りました。低地側には代用水を掘った際の土で堤防を作り、反対側は台地の斜面を利用したのです。この台地側の斜面に集約されたのが見沼の斜面林の特徴です。

　見沼の斜面林は低地（沖積低地）と台地（大宮台地）を結ぶ接点に

斜面林

位置し「市街化区域」の「西縁」より「調整区域」の「東縁」に多く存在します。全部で約100万㎡ぐらいと推測されます。

　肥料や燃料として使えば落葉樹が、手入れしなければ常緑樹が優勢となります。見沼の「トラスト1号地―竜の森」では「イヌシデ」「ムクノキ」「エゴノキ」等の落葉樹と、「シラカシ」「シロダモ」等の常緑樹が混在しています。

　問題は斜面林が見沼田んぼの規制方針である「見沼田圃の保全・活用・創造の基本方針」の対象外であることです。この斜面林を残す努力が必要です。

　見沼には三つの大きな構成要素がありました。「代用水」「田んぼ」「斜面林」です。私は、これに「神社」「貝塚」を加え、五つの構成要素としたいと思います。なぜなら、見沼及び見沼の周囲には「神社」「貝塚」が多いからです。

　五つの構成要素のうち「代用水」「神社」「貝塚」は県や市の行政が

愚かでなければ比較的安定しています。問題は減りつつある「田んぼ」と「斜面林」だと思います。

「田んぼ」の問題で言えば「業」として経営して

トラスト地の斜面林

いる農業者に農業のあり方、品目に希望は言えても指図は出来ないと思います。とすると、湿地としての見沼の性格、歴史的価値、景観等から一定割合の「田んぼ」を残すことを行政が計画すべきです。そのためには市民の参加する「農遊文化」（農業の業ではない）の「田んぼ」を最大限保全することを考えなければなりません。具体的には、指導者、脱穀や籾摺（もみす）りの機械や場所等を行政が用意しなければならないと思います。

　もう一つ重要なのは子供達の「環境教育」や「農業体験」として田植えや草取り、稲刈り等をカリキュラム化することです。「田植え、稲刈りのある学校」なんて素敵なことと思います。こうして見沼に「田んぼ」を残す努力を行政も市民も急ぐべきと考えます。斜面林の現状調査については「未来資産委員会」にお問合せ下さい。また斜面林を残すためには積み立ててある「創造基金」を使うべきだと思います。

【参考文献】
梅原猛『森の思想が人類を救う』ＰＨＰ研究所

斜面林内のマムシグサ

ナルコユリ

斜面林の竹林

11

食文化

　私はさいたま市緑区の南部領辻に住んでいます。さいたま市の「見沼基本計画」の「緩衝エリア」に家があり、家の近所で仲間と一緒に田んぼと畑をしています。田んぼのお米は「不耕起栽培」で、畑では里芋、八つ頭、竹の子芋などが採れます。

　地元で農業や食文化に詳しい方はよく「適地適作」や「地産地消」という言葉を口にします。その土地に一番合った作物を育て、その土地で採れた物を食べる、これが本来の「食文化」でしょう。だから、狭い日本列島でも、それぞれの「地域の食文化」が成立します。見沼の「食文化」も見沼の農業の性格―土地に依拠します。

　見沼地域は「野方」「里」「しまっぱたけ」に分かれます。野方は「台地」、里は「田んぼ」、「しまっぱたけ」は舌状台地の多い見沼によくある低いところで、田んぼと畑の中間の水の多い土地です。

　田んぼでは普通のお米やもち米が多く作られていました（今は植木や野菜など多彩です）。獲れた米はご飯や餅となり、見沼の食文化の大きな特徴のひとつです。もち米から出来た「あられ」は老若男女を問わず懐かしい故郷の食べ物です。水田と同じような環境でよく獲れるクワイも見沼の大きな特徴です。クワイのふくめ煮は行事食です。

　台地ではさつま芋との二毛作で小麦を作ります。小麦は粉にしてうどん類となります。台地のあちこちにある柿も懐かしい食べ物でした。

　「しまっぱたけ」は水が多いため里芋や八つ頭、京芋などがよく獲れ

ます。おいしい里芋類の食べ物、小芋のふかしたもの、やつがしらのふくめ煮などは、見沼食文化の大きな特徴です。

　川魚は貴重なタンパク源や酒の肴となりました。芝川や代用水ではウナギ、コイ、タナゴ、フナなどが獲れたそうです。日光御成道から西の鷲神社周辺ではニワトリを飼いません。代わりにアヒルなどが飼われたそうです。

　近年「無農薬、無化学肥料の安全食品」は大きなテーマとなってきました。でも「安全食品」と同時に「地域の食文化」も見直されて良いと思います。「身土不二」という言葉があります。体と食べ物を生み出す土地は切り離せないという意味です。現在の生産、流通システムでは世界中のどこの生産物でも手に入れるため「地域の食文化」を実際のライフスタイルで実現することは難しくなっているからです。

　「見沼の食文化」を伝える事は「安全」やレシピだけでないと思います。そろそろ食文化における「第三の道」が追求されねばならないと思います。第一の道が農薬、化学肥料の工業農業、第二の道がとにかく安全が大事という道、第三の道は安全でおいしく家族、仲間と一緒に楽しく食べることです。見沼の食文化にはその萌芽があります。私は見沼の食文化の話を聞くたびにこれを食べたり作ったりする情景にいつも家族や仲間が一緒にいる事が目に浮かびます。まさに食はコミュニュケーションだと思います。おいしいからこそコミュニュケーションは成立します。それを見つけるのは、これからのあなたと私です。

【参考文献】
山下惣一『身土不二の研究』創森社
萩原さとみ『農ある暮らし』ファーム・インさぎ山

12

信仰の里

　科学で解明されないことが多かった時代、多くのことが神の仕業(しわざ)として理解されました。人々は多くのことを祈りました。日本の神の特徴は、すべてのものに神が宿ることです。海も山も、水も土も…あらゆるものに神がいたのです。

　見沼も例外ではありません。昔「見沼」は「御沼」と言われましたが、見沼は神の沼であり信仰の対象でした。そのため見沼の周りには多くの神社があります。

　見沼周辺には三つの「氷川神社」があります。大宮区高鼻の「武蔵国一の宮氷川神社」、見沼区の「中氷川神社」(中山神社)、緑区の「氷川女体神社」の3社です。もうひとつ現在は見ることが出来ませんが川口内野にあった元「氷川神社」が現在の「東沼神社」に合祀されているという人もいます。そうなると四つの氷川神社が見沼の周辺にあったということになります。

　この四つの神社のいずれもが見沼を見下ろす場所、見沼のすぐ側にあります。これは長野県の諏訪湖と周りにある神社の関係を思い出さずにはいられません。御神体は湖なのです。まことに、見沼は「御沼」だったのです。

　古代の人々は見沼から多くの恵みを受け取りました。その見沼がご神体であっても不思議ではありません。人々は、見沼周辺の神の依代(よりしろ)で祈ったのです。その跡が今、幾多の変遷を経ながら神社として残っ

ています。これが日本の宗教の特徴です。前からあった神々も神社として共存しているケースが多いのです。

　大宮氷川神社のご神体は須佐乃男命(すさのおのみこと)で水源や湖水の神です。この神社の「蛇池」は、最近復元されましたが、見沼の水源でした。「蛇池」を出た水は、他の池の水も加えつつ見沼に注いだといいます。「蛇池」は、是非一度訪れてみることをお勧めします。なお大宮氷川神社のある「高鼻」という地名は見沼につき出した鼻のように高い台地を意味しているといいます。

　旧浦和市三室の氷川女体神社は、南の見沼の方を向き、航海の神様でした。今でも「御船祭」が行われています。ご神体は櫛名田比売(くしなだひめ)で水田、稲作の神です。なお「三室」は「御室」ともよばれました。中氷川神社のご神体は大穴牟遅命(おおあなむちのみこと)で大地の象徴神です。

　大宮氷川神社を父とすれば氷川女体神社は母、真ん中の中氷川神社が子供で簸王子社(ひおうじしゃ)ともいいます。この3社は夏至と冬至の日、一直線に並びます。観測機器もない時代、どうしてそんな配置が可能になったのでしょうか。

　氷川神社の須佐乃男命(すさのおのみこと)は「出雲」系の神様です。群馬大学の元教授の森田悌氏によると、もとは製鉄の神であったが農業神に変わったと言われています（「氷川神社考」「氷川神社の原型」他）。現に、中氷川神社には、火に関係する行事、鎮火祭が最近まで存在しました。

　日本の神道は多神教です。現在、祭られている以前の神を祭る神社も同じ境内に置いておくケースが多く、氷川神社にも出雲系とは異なる神が祭られています。大宮氷川神社には「門客人神社」があり、元はアラハバキ神社でした。中氷川神社には文字どおり「アラハバキ神社」が境内にあります。しかし氷川女体神社にはアラハバキ神社とい

うものはありません。「アラハバキ」とは縄文の土着の神様であり、女性の神様といわれていますので元々はそれを祭っていたのかもしれません。そのため特別に「霊気」が強いなどで氷川女体神社に訪れる人も多いのです。見沼周辺には「パワースポット」が多いです。古代へのあくなきロマンを見沼周辺の神社は与えてくれます。

　大宮氷川神社の「蛇の池」の事は別項でふれましたが、氷川神社と見沼はつながっていたのです。また表現が差別的だというので問題になったのですが、さいたま市緑区生まれの武笠三の「山田の中の一本足の案山子（かかし）…」という歌があります。「山田」の「山」は高い「山」ではなく、水を生む林だったのです。「案山子」も単なる鳥追いでなく、「神」が宿ったという説もあり、風習も残っています。

　見沼の周りに生きてきた私たちの祖先、それが今に生きる私たちのDNAを作っています。そんな歴史の残る場所―見沼が私たちの街にあるのです。

【参考文献】
菅田正昭『神道のすべて』日本文芸社
青木義脩『さいたま市の歴史と文化を知る本』さきたま出版会
井上香都『みむろ物語』さきたま出版会
宇杉和夫『見沼田んぼの景観学』古今書院
小林義雄『見沼をあるく』農文協

13

戦国時代——今も城跡が残る

　「見沼の戦国時代」を知る事は日本の歴史を知る上で大事なことです。「見沼田んぼ」というと「見沼代用水」開削以降（江戸時代中期）の歴史が有名ですが、それ以前の時代も重要です。鎌倉、室町、安土桃山＝戦国時代も例外ではありません。関東はどこも戦場でした。

　江戸時代に溜井が出来るまで見沼全域は小さな池が集まる広大な湿地帯でした。ぬかるんだ低湿地は軍事上大きな意味を持ちました。簡単に大量の兵馬を動かせないからです。見沼内及び周辺の城や陣屋（小規模な城）は皆、この低湿地を利用して作られています。

　たとえば岩付（槻）城のお堀は見沼抜きでは考えられません。河越城も戦略上の重要な拠点となってきました。その他にも見沼には、土呂陣屋、伊達城・大和田陣屋、寿能城等の「お城」がありました。

　私達は戦国時代の歴史というと京都や奈良等の「畿内」にどうしても目が行きます。しかし、鎌倉時代以降の関東は大事な歴史の舞台です。事実、江戸幕府、首都東京と関東は日本の歴史の中心でした。

　この関東の歴史を見る際の視点の一つに「武士の時代」があります。中世は貴族の力が衰え、代わりに武士が政治の中心となりました。土地に基礎を置く「武士」が政治の中心となったのです。こうした在地領主としての板東武士たちが鎌倉幕府をつくりました。

　その鎌倉幕府の滅亡後、関東の出である足利尊氏は京都に室町幕府を開き、関東の統治には「公方」を置きました。「古河公方」です。「公

方」のお目付役としての「管領」が「扇谷上杉氏」です。その切れ者の家来が「太田道灌」です。

　古河公方と扇谷上杉氏は覇権をめぐって争います。関東は利根川を挟んで大きく二分されます。北関東は大豪族層で古河公方が中心、南関東は中小国人層が基盤で扇谷上杉氏が中心でした。その頃の「後北条氏」は新興勢力でした。

　さいたま市の岩付（槻）城跡は、扇谷上杉氏の対古河公方の前線基地でした。ここでは太田道灌が大活躍しています。岩付城は南西側の見沼の湿地帯と東北側の元荒川を防壁（堀）としています。元荒川と利根川はつながっており、舟運などの水の動脈として重要でした。

　上杉氏の居城・河越城が後北条氏の手に落ちてからは、岩付城の支城として寿能城、大和田陣屋、土呂陣屋が作られました。しかし岩付城もやがて後北条氏のものとなり、関東は後北条氏のもとに統一されます。その後、豊臣秀吉によって後北条氏が滅ぼされると、徳川家康が関東の覇者となります。

　家康は太田道灌の江戸城を拠点に江戸幕府を開きます。関東武士の統一、日本最大の関東平野に備わる生産性、「水の大動脈」舟運の拠点、これこそ家康が江戸幕府を開いた理由です。関東こそ土地に基礎を置く武士政権にふさわしい土地でした。そして見沼は、この江戸と深くつながっていくのです。

【参考文献】
池亨『東国の戦国争乱と織豊権力』吉川弘文館
さいたま市立博物館編『戦国時代のさいたま』
網野善彦『東と西の語る日本の歴史』講談社
網野善彦、森浩一『日本史への挑戦』筑摩書房
黒田基樹『太田道灌』戎光出版

14

日本三大用水の一つ
見沼代用水

　日本の三大農業用水は埼玉県の「見沼代用水」「葛西用水」そして愛知県の「明治用水」です。

　稲作、お米の生産は長く日本の原点とでもいうべき産業でした。また「米」は日本の基軸通貨でもありました。稲作は「水」を必要とします。水抜きに稲作は成立しません。最初、この水は自然の地形で水の豊富な所を利用して行われました。しかしもっとお米を採るために人間の力で水を引いたり、流れを変えるなどしました。それが「農業用水」です。

　冷たい水を暖める「ぬくめ」をつくったり、水の高さを上げるため「堰」を設けたり、水の流れを変えたり、溜池を作るなど色々な工夫をしました。

　今と違い重機や電気のない時代です、これらの作業や計測は、すべて人力で行われました。すごいことです。

　私たちが見ることの出来る「見沼代用水」もこうして出来上がったものです。見沼代用水の優れた点はいくつもあるのですが、まず290年ほとんど変わらず使われていることです。いかに当時の設計、工事が優れたものであるかが判ると思います。

　また、上越国境の山の雪解け水を使ったこと、利根川からの取水口「元圦」、「伏越」（サイフォンで川をくぐる）、「掛渡井」（川の上を渡る）、斜面林を利用した水路と堤防の造り方などが大きな特徴です。

特に、斜面林が離れている場合「両堤防」を築き、水路を一定の方向にするなどが大事な点です。この「両堤防」は東縁用水沿いの「鷲神社」裏に行くと見ることが出来ます。また、これだけの工事がわずか半年で（稲刈りから田植えまで）行われたことも大事です。

　なぜ、この時代「見沼代用水」を造ったのでしょうか、なぜ「代」なのでしょうか、それは見沼の新田開発と密接につながっています。

　別項にも述べましたが、徳川政権が長く続いた大きな理由は「戦国時代」の後、都市計画に全力を上げ、街を整備したことにあります。

　これらの大開発は主に「沖積平野」で行われました。沖積平野とは、山岳地帯から海岸線までの平野部です。平野ですから、田や城下町を作るのに都合が良い訳です。

　この都市計画、大開発の時代は家康、家光に続き、八代将軍吉宗の時代に特に行われました。綱吉の時代、バブルとでもいうべき景気が崩壊、幕府財政は悪化、特に「新田開発」に力が注がれました。吉宗が「鷹狩り」でよく訪れていた見沼の沼を干拓、新田にしようとしたのです。

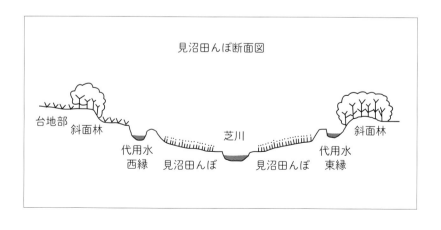

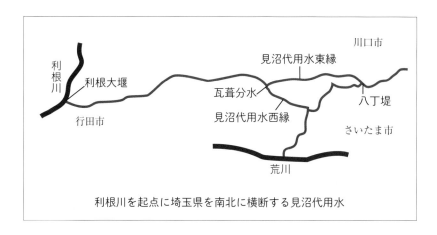

利根川を起点に埼玉県を南北に横断する見沼代用水

　ところが見沼は「水下(すいか)」の川口、蕨、戸田、東京都の足立の田の水源です。そこで今の「八丁」の堤を切り、水を流し、田んぼを開いたのです。そして「水下」の村や見沼の新田に代わりに水を引く「代用水」を造ったのです。これが「見沼代用水」です。

　新田開発は「見沼」という沼に生きる多くの生き物のすみかを奪いました。そこで「龍神伝説」が生まれました（別項参照）。

　「見沼代用水」は私達のふるさとの大きな財産です。

【参考文献】
浦和市立博物館編『見沼』さきたま出版会
見沼土地改良区『見沼代用水路の開削と経営』
見沼土地改良区『見沼土地改良区史』
秋葉一男『吉宗の時代と埼玉』さきたま出版会
市川正三『井沢弥惣兵衛』さきたま出版会
青木義脩『井沢弥惣兵衛為永』関東図書

15

田んぼ
――どう残すかは大きな問題

　「見沼田んぼ」は固有名詞ですが、同地には現在、あまり「田んぼ」そのものはありません。ここでは、見沼での稲作―田んぼの歴史を振り返ってみたいと思います。

　まず、伊奈忠治が行った江戸初期第1次の新田開発の時代です。見沼は「水下（すいか）」（現在の川口や蕨、戸田、東京足立区等）の水源となったのです。江戸中期は第2次の新田開発の時代で、井沢弥惣兵衛によって見沼代用水が開削され見沼自身が田んぼとなった時代です。

　そして減反が始まり、見沼が野菜畑や植木畑となり、市民の田んぼが始まった現在です。大体、見沼の田んぼの歴史は、以上大まかに3段階に分けられると思います。

　見沼の田んぼの歴史は「武蔵国一の宮・氷川神社」（大宮氷川神社）「大宮公園」あたりから始まるようです。見沼が縄文の頃、縄文人が住み、多くの貝塚があることはすでに述べました。縄文の末期「海退（かいたい）」が進み、荒川沿いに自然堤防が出来、見沼は海と切り離されました。海が後退し沼沢地になったのです。海水ではなく真水の沼になっていったのです。沼の周辺では、湧水を使い稲作が始まりました。おそらく氷川神社の「蛇の池」（最近きれいになりました）などの水も稲作に使われたのでしょう。

　大宮公園内の「埼玉県立歴史と民俗の博物館」の敷地内から煮炊き用の甕や米を蒸す道具等が出土しています。博物館敷地内には弥生時

代の住居跡が縄文時代の住居跡とともに発掘され県指定史跡となっています。「低地は（今の）競輪場、野球場、サッカー場、ボート池…この低地一帯は弥生時代、湿地と日照を満たしたコメ作りの好適地であり、いわば見沼田んぼの発端である」（小林義雄著『見沼田んぼをあるく』農文協）といいます。

　大宮氷川神社の「蛇の池」、大宮公園の白鳥池、ボート池なども見沼では縄文時代に続き稲作の始まった所だったのです。「見沼」は作物を育む「御池」であり「神池」でした。信仰の対象だったのです。

　大きな変化が訪れるのは、江戸初期、伊奈忠治による「見沼溜井」の造成です。見沼は巨大な農業用貯水池となり、今の東京都足立区や川口、蕨、戸田などの北足立郡の田んぼの水瓶となりました。増大する江戸の人口を支える食料を生産するためです。見沼周辺を「御鷹場」としていた紀州藩主徳川頼宣は、この風景を「だれも見よ見沼の池に影うつる富士の高嶺に雪の曙」と和歌を詠んでいます。

　次に大きな変化が訪れたのは、江戸中期、井沢弥惣兵衛による、見沼自身の新田開発、見沼代用水の開削、通船堀の建設です。これらは江戸時代から現在まで（通船は昭和初期まで）利用されていました。

　ところで、ついこの間まで見沼の稲作は「摘田（つみた）」でした。「摘田」とは米に肥料、灰をまぶし直接田へ蒔く方法です。

　次の大きな変化は、ここ数年のことです。現在、見沼に田んぼは約６％しかありません。米の消費量の低下、減反政策の結果です。特に減反政策は転作奨励金、割り当て等の政策の中で、急速に見沼から田んぼを減らしていきます。

　現在農家で田んぼを維持しているのはお年寄りが多いといわれています。代わりに広がっているのが、農家以外の市民、高齢者、子供等

の参加する「市民田んぼ」です。米の生産、販売という経済的採算にとらわれない人たちによる田んぼ作りが広がっているのです。「母ちゃん塾」や「見沼ファーム21」「里山クラブ見沼」や筆者も所属する不耕起田んぼの「じゃぶじゃぶラボ」等多くの市民団体があります。

　現在、田んぼ耕作は農業生産という視点でのみ行われています。しかし、市民も参加・応援する「都市型農業」、あるいは文化、歴史的環境保全という観点からも考えるべき段階に来ていると思います。

　見沼に田んぼを残したいと思います。田んぼを残すことは、代用水、農業用水、湿地環境を残す事でもあります。「田んぼ」をどうするかは見沼田んぼの大問題です。

【参考文献】
小林義雄『見沼田んぼをあるく』農文協
岩澤信夫『不耕起でよみがえる』創森社

収穫の時、わが家の田んぼ

16

地域資産

　見沼田んぼは貴重な「地域資産」です。「地域資産」って一体何？地域の価値を生み出す大事な財産、資産のことです。「地域」がつくのは、その地域にしか無いものだからです。そしてその地域に住む人々や他の地域に住む人々がわざわざ訪れる所です。

　「資産」と言うくらいですから、一朝一夕に出来るようなものではではありません。思いつきの急ごしらえのものも地域資産ではありません。そして多くの人がわざわざ来訪するためには、色々な価値を持っていなければなりません。

　ところで、何故「地域資産」ということが強調され重視されるようになったのでしょう。私は大きく言って二つの理由があると思います。

　一つは「グローバル化」です。世界がますます一つになり、それぞれの国固有の文化や個性が失われてゆく。事情は国内でも同じです。どの地域も個性や特徴を失い同じような街が出来ています。その街固有の個性や文化を強調するのは時の流れだと思います。

　もう一つは、経済の高度成長が終わり、人々が真の豊かさを求めるようになって来ていることです。「成熟社会」は「地域資産」を必要とします。この二つの理由は、ますます「地域資産」の重要性を高めています。

　「地域資産」は三つの面から見るのが普通です。「自然」「社会」「人文」です。「自然」とは地形や生存する動植物、景観等です。「社会」

とは、産業や都市の機能、地域活動等です。「人文」は歴史的遺産、食文化などの生活文化、民族芸能等です。

　この三つの分野で、他地域には無い特徴を持ち、誇れる資産を「地域資産」と言います。見沼田んぼが、他地域に誇れる「地域資産」であることは明らかでしょう。次に一端を述べておきましょう。

　まず「自然」です。見沼田んぼの地形は極端に標高が低く1,000万ｔもの水を溜めます。治水面で埼玉県南部の「安全」に大きく寄与しています。また埼玉県南に生息するほとんどの動植物が生息していることに加え、見沼特有の希少種がいます。

　「社会」の面でも大きな特徴を持っています。産業面では農業、特に野菜、植木の産地です。都市機能の面はさらに大事です。現在の都市には多くの人が住み、子供を育て、老後を迎えます。この都市から、土の土地が無くなり、緑や水が失われて行っています。見沼田んぼはこうした都市に貴重な大地や緑を提供しています。また見沼で環境保護、農業、福祉、歴史等々、多くの市民団体が自主的あるいは行政とコラボレーションして活動しています。

　次に「人文」の面ですが、見沼代用水や通船堀などの歴史的建造物や歴史的技術を持つものが多くあります。また古い歴史を持つ三つの氷川神社やパワースポット、多くのお寺や彫り物、お城や陣屋、古い街道、民話等々枚挙にいとまがありません。

　そして人々のライフスタイルの変化＝成熟社会は、前にも増して見沼という「地域資産」の価値を高めています。

　「ライフスタイル」の変化の第一は高齢化でしょう。さいたま市の65歳以上の高齢者人口（平成28年3月1日）は約28万人、22.2％です。元気な高齢者の生き甲斐づくりに、見沼の農地や緑地は絶好です。

歴史的文化財、あるいは民話の存在も大きいと思います。喧噪の都会を逃れて見沼の大地や自然、歴史的遺産と触れながら過ごせる環境はまさに「地域資産」そのものです。

　第二は、子供たちへの環境教育です。歴史や大地、自然と切り離されて、私たちはその大事さを痛感しています。特に、未来を担う子供たちが、自然と触れあい、農業の体験を行うのは、大事なことです。後でもふれますが、見沼の斜面林等を環境教育のフィールドとして確保している幼稚園は4カ所にも及んでいます。

　見沼が「地域資産」なのは、昔から見沼ほど人々の生きるエネルギーを集めて来た所はないからです。生きるエネルギーは「祈り」や、色々な技術の跡、民話などの物語を生みだします。

　ただし、見沼を「地域資産」としてパーフェクトに使うためには、見沼の地域設定が大事です。私は見沼の区域設定を主に治水の面から埼玉県が設定した見沼地域でなく、さいたま市が多面的な見沼の価値を踏まえ「見沼基本計画」で決めた見沼地域にすべきと思います。凡例でも述べましたが、さいたま市の計画図を再度載せておきます。「見沼田んぼエリア」は埼玉県の作図・見沼田圃と同じです。

　県と市ではどこが違うか。埼玉県の計画は21年前の設定、さいたま市の計画は2011年の設定です。埼玉県の計画は「見沼代用水内側」のみ、さいたま市の計画は県の場所を「見沼田圃エリア」とし、さらに代用水、斜面林を「緩衝エリア」として計画区域に指定、また「ふるさとエリア」として見沼周辺を含んでいます。

　普通、市民の人が見沼地域として意識しているのはさいたま市が設定した「緩衝エリア」「ふるさとエリア」を含んでいます。当然、本書の言う「見沼田んぼ地域」も「見沼田圃エリア」と同時に「緩衝エリ

(さいたま市「見沼田圃基本計画の計画対象区域」より作成・再掲)

ア」「ふるさとエリア」を含むものです。

　埼玉県の計画は「安全、治水」に重点が、さいたま市の計画は「安全、治水」以外の価値にも多くの比重を置いています。もうひとつ大きな違いは埼玉県の見沼田んぼ地域は、法的な開発規制と規制の代替えの「公有地化」制度を含んでいます。これに対し、さいたま市のものは法的な開発規制は「見沼基本計画」そのものの中には入っていません。「緩衝エリア」と「ふるさとエリア」を大事にするかどうかは行政と市民の叡智にかかっている訳です。

　「見沼地域」がいかに「地域資産」としての価値を持つか述べてきましたが、まとめておきましょう。2011年にまとめた調査によるとさいたま市の見沼地域に、指定文化財36カ所、公園48カ所、見所施設75カ所、緑地6カ所、良好な自然環境25カ所、国重要動植物25種、緑

加田屋新田

道 2.57km、ヘルシーロード 10km、東西の見沼代用水、芝川、加田屋川等の水環境や歴史的建造物、農産物直売所 7 カ所、神社 3 カ所、民話 17 話、郷土料理、本、パンフ等無数、地元農家以外にも関わる市民団体、市民農園などがあります。見沼田んぼが、他地域に誇れる「地域資産」なのは明らかでしょう。

見沼は 2014 年に「未来遺産プロジェクト」に認定・登録されました。これは未来に伝えたい地域の文化・自然遺産を守る市民活動を日本ユネスコ協会が応援するものです。見沼保全をめざす市民運動が共同で「推進委員会」を作り運動した結果です。

また、これに続き「日本遺産」(文化庁)の認定をめざす動きも出ています。すぐ作れない大事な地域の資産（商品）を大事にしない地域に未来はありません。

【参考文献】
青柳正規『文化立国論』筑摩書房

17

歴史と文化、暮らしを作った地形

　ビッグニュースがあります。見沼が高校の地理の教科書に載りました（第一学習社「地理Ａ」）。

　筆者の自宅の前の道は、台地から見沼へ降りていく所にあります。今でも見沼の方からは台地への上り坂です。自転車に乗ったままでは上れないくらいの坂で、皆、自転車を降り、押して上ります。ということは、見沼が谷で低い土地であるということです。

　見沼が低地であるということは決定的な意味を持ちます。地形が判れば見沼が判るのです。機械が発達した今、考えにくいことですが自然の地形と気候が文明、文化を創り出します。

　見沼も例外ではありません。大宮台地の中で、他より低い土地ということが「見沼文化」を形づくって来ました。

　大昔の縄文時代の頃、見沼は奥東京湾でした。「縄文海進」と呼ばれる温暖化があり現在よりはるかに海が深く入り込んでいたのです。

　見沼周辺の台地（「緩衝エリア」か「ふるさとエリア」がほとんど）から、古代人の「貝塚」跡が盛んに発掘されます。さいたま市で発掘された「貝塚」20カ所のうち10カ所が見沼周辺から出土したものです。

　遺跡のなかでも、さいたま市立三室中学校そばの台地で発見された「馬場小室山遺跡」は有名です。膨大で多様な遺物が出土することから「埼玉の正倉院」と呼ばれています。

ここで発掘された「人面画土器」は遠くイギリスの「大英博物館」で展示されたこともあります。また「馬場小室山遺跡」は市民参加の活動が活発で遺跡調査、ゴミ清掃等が行われています。「馬場小室山遺跡」は「三室」という所にありますが「三室」は「御室」とも言われていました。

　現在、馬場小室山遺跡の場所は雑木林となっており、遺跡の下には谷が迫っています。縄文人は狩猟民族です。海からは貝や魚、台地の森からは木の実や、植物、獣など食べ物にめぐまれた場所だったにちがいありません。また舟による交通によって海は文化・文明のネットワークをなしていました。

　その後、海は後退し、古い荒川の運んできた土砂が湾の出口を埋めていきました。こうして完全に見沼は海のネットワークから切断されました。見沼は巨大な「閉塞沼」となり、江戸時代には「水下（すいか）」（蕨、戸田、川口、東京都足立区等）の田んぼの水源、「田んぼ」、「遊水地」と姿を変えていきますが、水の溜まる低地としての性格は変わらないのです。縄文と弥生、狩猟と水田の見沼は私達の故郷です。見沼の地形が歴史と文化を作ったのです。

【参考文献】
竹村公太郎『日本史の謎は地形で解ける』ＰＨＰ新書

18

江戸(東京)と見沼を結んだ舟運
見沼通船堀

　見沼新田開発の3年後（享保16年＝1731）「見沼通船堀」が井沢弥惣兵衛為永によって造られます。当時は大量に物を運ぶには舟運が一番です。

　江戸に出る芝川と代用水の水位差は約3mありました。そこで途中東西4カ所の関＝閘門を設け、順次水位を調節しながら代用水と芝川を船で結ぶ「閘門式運河」を作ったのです。パナマ運河が同じ方式です。通船堀が作られたのはパナマ運河の183年前です。芝川と結ぶ東

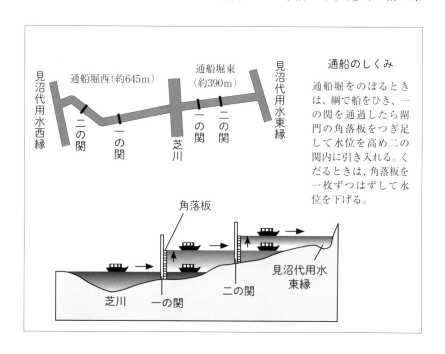

西の見沼代用水には59カ所の「荷揚げ場」が設けられ、舟と陸上交通の結節点となっていました。今でも通船堀で使われた「平田舟(ひらたぶね)」が、通船会社を経営していた鈴木家で公開されています。また毎年通船堀への通水実演や船頭の歌った「通船堀小唄」の披露などが行われ、数千人の人が見物に来ています。

平成18年(2006)メキシコで開かれた「第4回世界水フォーラム全体会」で基調報告を行った皇太子殿下は、留学したイギリス、テムズ川の運河に触れながら、次のように述べられました。

「この一大農地と一大消費地である江戸とを舟運で結ぶ…代用水の水を使用しない冬場…見沼田圃からは米、野菜、木材など、江戸からは肥料、大豆粕、魚、塩などさまざまな物資が輸送されました。最も重要なものが肥料でした。当時もっとも貴重な肥料が糞尿(ふんにょう)で、金肥(きんぴ)ともよばれ大事に扱われていました。金肥を専用に運搬する『おわい船』も建造され、江戸の糞尿は無駄に捨てられることなく、循環利用されていたのです。…この当時、世界有数の大都市であった江戸はすでに循環型社会を形成していたのです。まさにビクトル・ユーゴが『レ・ミゼラブル』で嘆いたように、世界では糞尿が川に捨てられている時代に画期的なことでした。江戸を訪れた海外の人たちが、江戸の清潔さに驚嘆…日本の江戸郊外の耕地の開発、そして、その地域と江戸とを結ぶ水運の発達…世界の水問題は、大変厳しい状況にあります。…その解決策はその地方、その河川流域ごとに異なるはずです」と地域の歴史と伝統に学ぶべきことを通船堀の現地で学んだと述べられました。

私がここで注目するのは「循環都市」と「舟運」そして「エコシステムとしての江戸システム」です。見沼には米、野菜などの食料を大

消費地江戸に運び、肥料となる糞尿を農地に運んで来るという循環システムが見事に完成しています。そして、その運搬には代用水、芝川、荒川などの川と運河を使う「舟運」があります。まことに「エコシステムとしての江戸システム」とその近郊農村そのものの姿です。「通船堀」は「都市」と「農村」が有機的関係を結ぶ象徴的な建造物だったのです。

　この他、江戸の上水道は多摩川から引くよう整備されました。ゴミは江戸湾の埋め立てに使われました。日本の近代化は、教育システムを含めて作家・故司馬遼太郎の言うがごとく「江戸の遺産」抜きにしては、あり得なかったのです。

　日本にいると、あまりピンと来ませんが、世界の水問題は深刻です。海水でない淡水は世界の水の３％しかないといいます。そして皇太子殿下の述べたようにこの水の問題は中央集権でなく、河川の流域ごとに地方分権でなければ解決できないと思います。これらのことから「見沼通船堀」は郷土の誇る未来への遺産であることは間違いありません。

【参考文献】
浦和市立郷土博物館編『見沼─その歴史と文化』さきたま出版会
仲田一信『見沼通船堀』尾間木史跡保存会

19

転換期
―これから一層、価値を増す

　見沼は大きな転換期にあり、時代は人口増大、経済の高度成長から人口減少、低成長時代に入りました。見沼の役割、意義も大きく変わりました。時代の転換期の中で、見沼の価値はますます増すでしょう。

　図をごらんください。経済の成長率（A）と人口の増加率（B）の図です（饗庭伸著『都市をたたむ』より）。一目瞭然、日本は明らかに「低成長、人口減少」の時代を迎えています。見沼の役割も「高度成長の時代」と「低成長・人口減少」の時代ではまったく違います。

　経済の高度成長の時代、個人の「持ち家」制度が普通でした。「日本は、土地を徹底的に市場に組み込み経済成長のための手段として利用

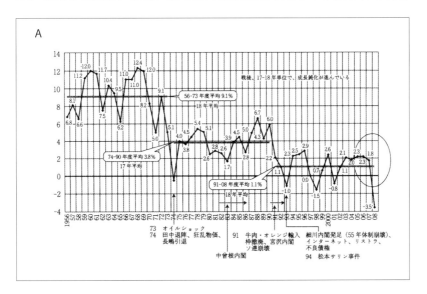

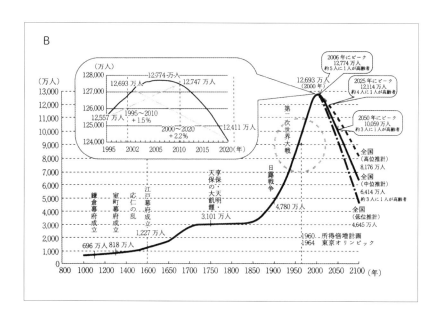

した国である」(饗庭伸著『都市をたたむ』花伝社)。土地は小さく刻まれ市場に投入、住宅ローンで多くの人が市場に参入し、返済のため勤勉な労働者として働いたのです。見沼よりさらに東京から遠い所が住宅地として開発され、「通勤ラッシュ」があちこちに現れました。

こうして都市は拡大し、都市の安全(治水等災害)は無視され、大地や緑は都市から一掃されました。1983年頃の中曽根内閣の民活とつながる見沼の規制緩和案も「農家の土地所有者としての顔」を大事にしたものでした。

今、こうやって出来上がった街と家々を見ると「見沼が残って良かった」とつくづく思います。見沼は家を建てるためだけのスペースではなく、緑地、治水、農地、歴史等多くの価値を生む地域です。行政と市民は、それを大事にする叡智を発揮すべきでしょう。見沼は地域資産です。高度成長期によく言われた「首都圏の大規模緑地空間」は低

成長時代の今「緑地、歴史、文化空間」と言わねばならないのです。

　低成長、人口減少の時代に必要なものは何か。一つ目は様々な形態の「雇用」です。二つ目は「シェア」（共有）です。例えば、図書館、公園、道路など共有する社会資本の多い街は豊かです。三つ目に、この価値は一朝一夕で出来るものではありません。幾多の時代の中で生きて来た歴史性が必要です。

　そこで見沼に関して特に提案したいのは次の３点です。

　一つは見沼に雇用の場を作り出すこと。具体的には農業や植木産業、観光などのベンチャーを集積する「さいたま市の緑と農と歴史の場」を作り出すことです。

　二つには高齢化社会を迎え、環境保護、歴史、文化などのサークルの創出と様々なイベントやそのための社会資本の充実です。

　三つは「環境教育」です。「東の見沼、西の荒川」と、さいたま市は子供達の環境教育のフィールドが豊かです。放っておいても子供達が自然の中で遊ぶ（学ぶ）時代は終わりました。今、具体的、計画的にカリキュラムを組み、指導者を用意しなければならない時代です。

　すでに、提案したようなことは、見沼で活動する多くの市民団体、幼稚園、農園等々で行われていることで、その経験を集めることが大事だと思います。

【参考文献】
饗庭伸『都市をたたむ』花伝社
リンダ・グラットン、アンドリュー・スコット『ライフシフト 100 年時代の人生戦略』東洋経済新報社
平田オリザ『下り坂をそろそろ下る』講談社

20

日光御成道

　別項に「人は街道、物は海」と述べましたが、全国の物流、人のネットワークは江戸幕府の大きな課題でした。物流、人のネットワークは「舟運」と「街道」です。舟運は川や海、用水等の水、人や馬は街道です。「通船堀」が舟運なら、陸のネットワークは「日光御成道(にっこうおなりみち)」です。

　交通、運搬の社会的基盤を整備する事は、今も昔も社会の基礎でした。川や海、陸の交通路を整備する事は権力の基盤でした。別項でも述べましたが、家康が江戸の幕府を開いた大きな理由が、江戸が「東国水運の結節点」（岡野友彦著『家康はなぜ江戸を選んだか』教育出版）だったからです。そして治水と舟運のため「荒川の西遷、利根川の東遷」など関東平野に深く入り込み河川整備に取り組むのです。「戦の継続」を求め「朝鮮出兵」を行う秀吉より「都市計画」に集中する家康の方が時代を読んでいたと言えます。

　家康は五街道（東海道、日光道中、奥州道中、中山道、甲州道中）に続く「脇街道」を整備しました。「日光御成道」は「日光道中」の「脇街道」として整備された、将軍の日光参拝のおりに使用される道路でした。江戸―荒川―川口―さいたま市（見沼）―岩槻を経て「日光道中」に合流します。川口では「赤山城跡」の側を通ります。「赤山城跡」は伊奈氏の陣屋があった所です。現在でも「堀割り」の一部や「土塁」等が残り、一部が公園となっています。

　さらに進むと「さいたま市」に入り見沼の「ふるさと地域」を行く

のです。さいたま市緑区の「大門（宿）」には、かつての本陣、脇本陣があります。「東海道、甲州街道、日光街道と歩いてきたが、これほど立派な本陣、脇本陣は見たことがない」（日光街道道中記）と言われています。見沼の側の「大門宿」は本陣1軒、脇本陣が1軒、一般の武士や庶民の泊まった旅籠が6軒あったといいます。現在でも本陣と脇本陣の長屋門が残り往時をしのばせています。

　御成道は、国昌寺や鷺山自然公園等見沼の側を通り、「膝子一里塚」（市指定文化財）のそばを通ります。この付近は見沼干拓にともない田んぼになった加田屋新田です。加田屋新田には「見沼くらしっく館」があります。また「見沼ファーム21」の人々が、地元の農家の指導のもと多くの市民を集め、田んぼを残しています。

　さらに行くと「円空仏」で有名な「満願寺」も近いです。「円空」は長期逗留し、ここで「大笑いする円空仏」を彫りました。気に入った、神宿る「木」が多い地域だったのでしょう。

　「岩槻宿」に入ると岩槻城の「大構の遺構」がある等、見沼とさいたま市の豊かな歴史を感じられる街道跡＝道路なのです。御成道はこの後、白岡、菖蒲、春日部、幸手などを通り、日光へ続きます。

　日光御成道は、その昔「鎌倉街道」でもありました。円空だけでなく多くの武士が見沼の側を、この道を色々な思いを抱いて行き来したことでしょう。街道は色々な歴史の中で街道を行き来する人たちを見てきたでしょう。御成道は「最も雰囲気のある街道」（web）として紹介されています。

【参考文献】
埼玉教育委員会編『日光御成道』埼玉県

日本人の原型

　日本人の原形は、森（林）と海にあります。見沼にはそれがありました。そして長い間、田んぼ（稲作）があったのです。木の実や貝などの狩猟民族、縄文人の血と弥生人の血が日本人を作りあげて来たのです。

　別の項目でさいたま市の「見沼基本計画」にある「緩衝エリア」と「ふるさとエリア」の重要性に触れました。見沼という時、代用水内側の「見沼エリア」だけでなく「緩衝エリア」と「ふるさとエリア」が極めて大事です。特に人々のエネルギーの集中しているのは代用水内側の「見沼エリア」もさることながら「緩衝エリア」と「ふるさとエリア」です。そこに多くの人々の痕跡が集中しているからです。

　主に私たちの世代（昭和17年生まれ）は「日本人は農耕民族」という常識（？）があります。どうもその頃の学校教育のせいらしいです。

　ところが、最近の研究では、農耕（稲作）の始まった「弥生」時代の前の「縄文」時代も日本人の習俗、信仰等に大きな影響を与えており、「和魂洋才」ならず「縄魂弥才」だという人がいるくらいです。

　見沼周辺出土の「貝塚」の示すものは、おびただしい海の産物・貝と魚の食べ物です。食べ物評論家の辰巳芳子さんは日本人の食の基本が貝、魚などの海の産物と田んぼのお米だと言います。まことに「縄魂弥才」（海と森の狩猟と田んぼのお米、縄文と弥生）だったのです。海と森のある見沼が多くの人のエネルギーを集めてきたことは当然と

言えます。

別の項目で「見沼」は「御沼」と言いましたが、見沼は神の沼であり信仰の対象でした。

見沼の周辺に四つの「氷川神社」があります。

大宮氷川神社

神社は、古代人の神の依代(よりしろ)であった所に創建されることが多いのです。

古代の人々は見沼から多くの恵みを受け取りました。それは日本人の原型でした。今なおこの時代に作られた習慣、習俗、気質は現代に生きる私たちのDNAを構成しています。そんな歴史の残る場所＝見沼が私たちの街にあるのです。人々は、見沼周辺の神の依代で祈ったのです。その痕跡が今、幾多の変遷を経ながら神社として残っているのです。

【参考文献】
上田正昭『森と神と日本人』藤原書店
岡村道雄『縄文の生活誌』講談社
西川照子編『別冊太陽・梅原猛の世界』平凡社
松岡正剛『にほんとニッポン』工作舎
辰巳芳子『命の食卓』マガジンハウス文庫

22

農業

　「見沼エリア」は農地、「緩衝エリア」「ふるさとエリア」も農地や森林です。

　「田んぼ」という農地は見沼の治水機能と比較的整合していました。洪水の時は水を貯め、普段は田んぼだったのです。

　減反政策の影響で田んぼは植木や野菜の畑になりました。農業をとりまく環境は厳しいものがあります。

　題名が「市民が応援する見沼たんぼ地域での人と環境にやさしい都市農業振興ビジョン」（未来遺産・見沼たんぼプロジェクト推進委員会）というパンフレットがあります。

　見沼を守るためには100％全域を公有地化すれば問題ありません。ところが、資金の都合もあり、全部を買い取ることは非現実的です。見沼の価値と矛盾しない産業で、多くの人が規制を受け入れ、かつ産業として成立するものが必要です。農業（特に水田）はそれです。

　見沼の地権者の多くは農業者です。農業者にはいくつかの顔があります。一つは「土地所有者（地権者）としての顔」、これに対応するのは不動産市場。もう一つは「農業従事者としての顔」、これに対応するのが都市農業の立場。もう一つが「自然環境の維持管理者」としての立場であり、これに対応するのが地域の土、水、自然です。（Ｗｅｂ 饗庭伸）。

　これまで高度成長下では、土地が限りなく高騰すると見えたので「土

地所有者」としての顔が全面に出ました。しかしこうした時代は終わりました。現に私の自宅周辺でも、すっかり様変わりして土地はまったく売れなくなっています。

　これから大事なのは「農業従事者としての顔」や「自然環境の維持管理者としての顔」です。当然「自然環境の維持管理や安全の維持管理」には公的負担を拡大すべきと思います。また見沼の自然や農的環境を活かして、サービス産業や製造業で「社会的弱者」とされてきた人たちを包摂する都市農業の振興も必要です。冒頭に掲げた「市民が応援する人と環境にやさしい都市農業振興ビジョン」は、こうした見沼農業の方向性を指し示しています。

　農業者だけでなく、これから都市住民も「都市で生きる顔」と「土や水に親しむ顔」と「自然を大事にする顔」と様々なライフスタイルが可能になる時代に生きていると思います。

　これから、普通にある「都市の顔」に加え「農」や「自然」が、小さい一つの都市の中に共存するような街を目指すべきです。

　見沼農業はこのような都市農業にこそ活路があります。現に、明らかに「地権者としての顔」が全面に出ていた世代に代わり、見沼の自然や歴史文化を武器に、都市住民が土や水、自然に親しむ事を援助し、それを経済的行為にしていこうとする、より若い世代が生まれつつあります。こうした新しい農業者を支援する「地域ブランド化」「施設整備」などを行政が行い、「市民が応援する」農業施策を展開することが求められています。

【参考文献】
見沼たんぼ地域・都市農業振興ビジョン研究部会編『人と環境にやさしい都市農業振興ビジョン』未来遺産・見沼たんぼプロジェクト推進委員会

23

保全と活用・創造

　別項（地形）で「地形が判れば見沼が判る」と述べました。見沼の土地利用は「政治」で決まります。県庁、市役所の行政が制度設計し条例等で決めます。埼玉県は有名な「見沼三原則」を決め見沼田んぼの開発を規制して来ました。それは見沼の田んぼが大水の時、水を貯め（約1千万ｔ）埼玉南部の街を浸水から守るためです。荒川にポンプで放水すれば、埼玉は守れますが首都東京ゼロメートル地帯は浸水します。

　この頃、見沼に関心を抱いたのは、一部の郷土の歴史愛好者や自然保護者、農業関係者等でした。

　ところが、1980年代に入ると見沼の地権者から「規制緩和」の声が大きくなりました。埼玉県はこれを受け「見沼三原則」を撤廃、規制緩和しようとしました。当時は「リゾート法」の時代で、土地を投機の対象にしようとするバブルの時代です。

　埼玉県政は革新県政で、規制緩和は間違いないと思われました。議会内では反対勢力は無かったのです。

　ところが、県庁内の一部、マスコミ、市民から「規制緩和反対！」の声が上がったのです。特に「第4の権力」（1は政界、2は財界、3は官界）と言われる「マスコミ」の実質的反対報道は、市民の世論を大きく盛り上げました。埼玉県の「規制緩和案」は葬り去られたのです。その背景には、マスコミを動かし、市民をまとめる理論と戦略が

不可欠でした。もちろん根底には「環境保全」の大きな潮流がありました。

以上を、見沼保全の第一段階、第二段階とすれば、こうして見沼保全の第三段階が始まりました。第三段階の特徴は、行政が見沼保全の基調に立ち「見沼田圃保全・活用・創造の基本方針」を確立した事です。また、不十分ながら、規制の見返りとして、見沼の土地の「公有地化」制度がはかられました。買い取り、借り上げ基金も設置されました。

私は40歳から後半の議員時代（引退まで無所属の市議、県議でした）の大半のエネルギーを見沼の保全に費やしました。今、思うと、これまでの見沼の伝統を無視、一気に規制緩和しようとする埼玉県の態度は、あまりに無茶すぎました。伝統を重んじ、斬新的に手直しするという方向性が、なぜとれなかったのかと思います。

今「共謀罪」法等、全国的に政治の問題が大きな話題となっています。それが大きな課題である事は、もちろんですが「地方自治」の問題が極めて大事だと思います。

第三段階の特徴の一つは、旧浦和・大宮・岩槻などが合併し政令市が誕生した事です。もう一つは、市民が見沼保全に関わる様々な市民が財界や農協などと同じ中間団体（市民団体）を作り、ボランティアや調査活動などを始めたことです。もちろん当時誕生したＮＰＯ法が大きな役割を果たした事はいうまでもありません。私は「斬新的改革」と「中間団体」が極めて重要だと思います。

そして今、見沼保全運動の第四段階が始まっていると思います。それは「企業的手法」を使いながら、雇用や資金作りを行いつつ見沼を保全していこうとする事です。今、地元からも若い世代を中心に、見

沼という保全された農地、自然、歴史的環境などを利用して「小商い」をやっていこうという動きが出ています。農業の分野でも都市に近い環境を利用し、「都市農業」を展開していこうとする動きがあります。

　見沼の政治を考える上で重要なのは「サイロ（縦割り）現象」です。

　見沼は一つの地域です。ところが、行政の分担担当は、農政、文化財、河川、公園…となっています。自民党のF元議員の調査ではなんと17課があるそうです。課同士は同格で独立していますから、隣の課に指示する事は出来ません。プロジェクトを作っても寄せ集めで、実権、予算の無いことは同じです。さいたま市の場合、ようやく「見沼政策推進室」が出来ましたが「緑推進課」内の組織です。ですから、局や部、課に横断して指示出来る首長に頼る事になります。行政の場合、職員の移動もあります（良い面もあるのですが）。

　一方で市民運動の場合も、農業か川か文化財か…どれかを専門にせざるを得ません。やはり「サイロ現象」（隣のサイロの事は判らない）が今、経営、政治等で大きな問題となっています。いくつかの個別の団体が「連合」方式などで苦心していますが、難しい問題です。

【参考文献】
吉見俊哉『ポスト戦後社会』岩波書店
村上明夫『見沼たんぼ龍神への祈り』幹書房
さいたま市編『さいたま市見沼田圃基本計画』

24

実りの秋
―伝統的習俗がいっぱい

　見沼の中でも人々の暮らす「緩衝エリア」や「ふるさとエリア」は、昔から伝わり、今なお住民が守っている習俗でいっぱいです。特に地域の信仰と結びついた祭礼は目白押しです。

　筆者が見たものだけでも大宮氷川神社の「茅の輪くぐり」、氷川女体神社の「名越祓え(なごしはらえ)」、東大宮の「砂の万灯」などがあります。

　筆者が氏子として参加しているさいたま市南部領辻の鷲神社の「竜頭の舞」を見てみましょう。獅子舞保存会会長の清水隆明さんが「竜頭の舞」を紹介した記事があるので要旨を紹介しておきましょう（「楽、楽、楽さいたま」第9号、さいたま市発行）。なお同誌のこの号は「受け継がれる伝統・文化」が特集されており写真も豊富です。

辻の獅子舞（竜頭の舞）

「竜頭の舞」の獅子は頭に東天紅（鳥の一種）の長い羽をたらし腹の太鼓を打ち鳴らす。頭が龍で、まるで龍が、ある時は優雅にある時は地を這うように、

鷲神社

また天に昇るように舞う。田植えの春と稲刈りの秋、年に2回行われ、春には「村回り」を行う。一時、中断したが復活を願う声に押されて30年ぶりに復活しました。それからは毎週2時間の猛練習をやっています。平成12年10月の復活の日は舞った人も見た人も感動しました。現在「獅子舞保存会」の会員は30代から70代までの約三十数人です。

筆者の見た2016年秋の「竜頭の舞」は清水さんの言うように女性や若者が参加、「子供太鼓」も行われ、次の世代への引継が着実に行なわれていました。また、清水さんの言う「地域の絆」が一層深まると同時に見沼と多くの人が深くつながる契機になると思いました。

これらはいずれも、人々の健康と五穀豊穣を祈ったもので長い年月守られてきた貴重な地域資産です。こうした地域資産はとりわけ見沼には多い。大事にしたいものです。

【参考文献】
さいたま市編『楽・楽・楽さいたま』第9号

25

民話

　「民話」とは一体、何なのでしょうか。見沼に民話が多いのでしょうか。見沼の民話はどんなものが多いのでしょうか。

　「源氏物語」と「民話」はどこがちがうのでしょう。「源氏物語」は貴族の話、「民話」は庶民の話です。庶民の話だから低級で「貴族」の話だから高級という問題ではありません。絵や小説に高級、低級などありません。好き、嫌いがあるだけです。

　それにしても見沼には沢山の「民話」があります。「見沼たんぼ地域ガイドクラブ」の高橋正幸氏によると見沼に伝わる民話の数は、判っているだけでも33もあるそうです（民話のあらすじは高橋氏がうまくまとめていますので「ガイドクラブ」のWebにゆずることにしましょう）。

　「民話は庶民の夢」と語るのは故小沢重雄氏（俳優・浦和むかしむかしの会）。見沼に民話が多いということは、多くの人々が見沼に生き、エネルギーを注ぎ込んで来たということです。

　33の民話のうち「龍」ないし「蛇」に関するものが10もあります。また現在でも龍のご神体を鎖で縛って祀っている所もあります。龍が暴れることは洪水を意味したのです。雨乞い、洪水などがあるたびに人々は龍に祈ったのです。

　「龍」は想像上の動物、「蛇」は実際の生き物です。「龍」は西欧では悪魔、アジアでは力の源です。日本では水を象徴し水を必要とする農

見沼代用水東縁

耕あるいは稲作にとって必要なものでした。

　見沼の民話の3分の1近くが「龍神伝説」というのは良く判ります。龍は水の神様だからです。沼や田んぼ、稲作にとって水は必ずなくてはならないものです。また、龍は見沼の「水っぽい」環境に生きる動植物の象徴だったのでしょう。こんな見沼の「水っぽい」環境とそこに生きる生き物を保全し次の世代に伝えるのは私たち世代の責任です。そんな願いを込めて私の所属する田んぼのNPO「じゃぶじゃぶラボ」と言います（「じゃぶじゃぶ」＝水ということです）。

【参考文献】
宮田正治『見沼おもしろ昔ばなし』見沼文化の会
浦和太郎『龍神の沼』さきたま出版会

あとがき

見沼ライフの勧め

　私が皆さんに勧めるのは「見沼ライフ」です。見沼に行くには京都、奈良あるいは海外に比べ近くて金がかからない、にもかかわらず色々なレベルで様々な楽しみが出来ます。簡単なものからディープなものまでレベルは様々です。

　私は川口市の生まれで、高校三年生の時「伊勢湾台風」で水害の被害を受けました。川口の家は床上浸水だったのですが、浦和駅前は乾いているのでビックリしました。高校（浦和西高）に行ったら裏の見沼田んぼが水でいっぱいなのでまたビックリしました。

　旧浦和市で無所属の市議会議員になり、見沼の保全運動をやることになりました。「都市に緑の大地を残す！」が、私の選挙のスローガンでした。

　見沼を色々知れば知るほどはまり込むことになりました。そして今、見沼の「緩衝エリア」に住んでいます。齢は2017年で74歳になります。

　今、「じゃぶじゃぶラボ」で不耕起の田んぼと無農薬の畑をやっています。また家の側の植木屋さんや浦和大学の先生方と「MS研究会」（Mは見沼、Sはソーシャルファーム）をやっています。見沼の環境を利用し、社会的弱者等の雇用を作り出そうとするものです。

　見沼の昔を勉強するうちに神社や街道、日本の信仰の形など、多くのことを知りました。初めて勉強したことがたくさんあります。「見

沼って勉強になるなー」が実感です。

　本書は私の体験とそんな勉強のささやかな成果です。

　昔からオーディオ、とくにジャズが趣味でした。見沼に来て、家が少ないものですから、思い切り大きな音が出せます。近所を気にしない環境をオーディオ好きの人は皆羨ましがります。

　これ以外、今楽しんでいるのは、毎日の散歩と冬の薪ストーブです。見沼の斜面林を散歩しますが季節によって斜面林の見せる顔は毎日違います。薪ストーブは近所の植木屋さんのおかげで薪が手に入ります。煙突の煙を気にせず火が焚けます。

　見沼の林の中で太極拳をやります。太極拳には「樹林功(じゅりんこう)」というのがありますが、木の「気」を貰って太極拳をやるのは本当に気持ちの良いものです。

　「ウォーキング」も快適です。斜面林の木々の中、昔は海の底や海の側だっただろうと考えながら坂道を歩きます。

　「太極拳」にしろ「薪ストーブ」にしろ「ウォーキング」にしろ季節によって美しさ、楽しさがみな違います。見沼は「生き物の居る街」であると同時に「季節のある街」です。

　こうやって述べて来ますと、どの趣味も見沼の季節や環境を最大限使っていることに気づきます。

　「見沼ライフ」を楽しむにはコツがあります。一つ目は、自分の好きな趣味と見沼の環境を結びつけることです。見沼で使えることが多いので驚くでしょう。二つ目は見沼に関連することを勉強することです。知れば知るほど、私たちの「見沼ライフ」は豊かになります。三つ目は自分に合う市民団体に加入し、生きた見沼情報を手に入れるのが賢明な方法です。また特定の市民団体に加入する前に例えば「見沼ガイ

ドクラブ」の行事に参加するのも賢明な方法です。複数の市民団体に加盟、様子を見るなどアクティブな方法をとってください。

今は本当に良い時代です。本書でも紹介しましたがWebには「見沼情報」満載です。是非、Webを上手に使ってください。

最後に、見沼を知るための本及びWebを紹介し、簡単な紹介文をつけました。あくまで私個人の感想ですので参考にしてください。

【参考文献】
小林義雄『見沼田んぼを歩く』農文協
浦和市立郷土博物館編『見沼・その歴史と文化』さきたま出版会
村上明夫『見沼田んぼ　龍神への祈り』幹書房

ウェブ検索エンジンキーワード

本書を執筆するに当たって多くの方や著作にお世話になりましたが、インターネット、「Web」にも随分助けられました。インターネットの「検索エンジン」は本当に便利でした（ここではWeb0.2以降を一括してWebとしています）。自分の知らない情報が随分ありました。

「ロングテール」という言葉がありますが、より多くの人が、情報を発信しています。随分多くの人がそれぞれ異なった分野で見沼の情報を発信している事を改めて知りました。「Web」には色々な問題もあるようですが要は使いこなしだと思います。

「見沼」のような地域情報には特にそのことが言えると思います。これまでは研究や著書には一定のアカデミズムや資金力が必要でした。「見沼」などの地域情報にはアカデミズムや資金力と無縁な人も参加しています。「知の位階性」がないという事です。これは長所であると同

時に短所でもあります。Web情報には編集という作業や学問的裏付けが必要ないということでもあります。したがって「Web」情報が「玉石混交」と言われる所以です。

　こうした「情報・知」の多角化の中で結局大事なのは「実践」に裏打ちされた自分の「主体性」ということになります。読者が見沼に関する情報源として主体的に「Web」を大いに使って欲しい。一般的な検索は本文の中の語句でやって欲しいが、特にアクセスして欲しいと筆者が思うものの（語句キーワード）を記載しておきました。あくまで筆者の主観です。参考までに検索のキーワードを載せました。是非検索して欲しいと思います。

4	円空仏、神仏習合、修験道
5	御鷹場（鷹狩研究会）
11	見沼の食文化
12	アラハバキ、見沼のパワースポット
15	見沼ファーム21、ジャブジャブラボ、不耕起
17	地形と文化、舌状台地、大宮台地
18	舟運
20	日光御成道、日光御成道の本陣

【著者略歴】

村上明夫（むらかみ・あきお）

1942年川口市生まれ。浦和西高、法政大学、浦和・さいたま市議、埼玉県議を経て、現在、見沼田んぼ保全市民連絡会代表、自立援助ホーム クリの家サポーターズクラブ事務局長。著書に『見沼見て歩き』（編著、幹書房）、『環境保護の市民政治学』（第一書林）、『環境保護の市民政治学Ⅱ—見沼田んぼからの伝言』（幹書房）、『環境保護の市民政治学Ⅲ—見沼田んぼ龍神への祈り』（幹書房）ほか多数。

見沼文化を知る25選

2017年11月9日　第1刷発行

著　者　村上明夫

発行所　関東図書株式会社
　　　　〒336-0021 さいたま市南区別所3-1-10
　　　　電話　048-862-2901　URL http://kanto-t.jp

印刷・製本　関東図書株式会社

©2017 Akio Murakami Printed in Japan
本書の一部あるいは全部について、無断で複写・複製することは禁じられています
乱丁・落丁本はお取換します。
ISBN978-4-86536-037-0 C0025